JN413135

완벽한 차 한 잔

완벽한 차 한 잔

찻잎의 과학

HOW TO MAKE
TEA

THE SCIENCE
BEHIND THE LEAF

브라이언 R. 키팅, 킴 롱 지음
신소희 옮김

일러두기
본문 중의 주석은 옮긴이주입니다.

목차

머리말

《완벽한 차 한 잔》은 차를 끓이는 것, 즉 찻잎과 뜨거운 물로 근사한 차 한 잔을 마시기 위한 간단한 지침서다. 차의 간략한 역사로 시작하여 화학적 분석으로 이어지고, 차를 구입할 때 도움이 될 용어들도 안내한다. 차를 끓이는 요령과 도구들은 물론 흔히 마시는 차들의 제조 과정에 숨겨진 과학적 원리도 다루며, 다양한 세계 문화권에서 차가 지니는 중요성도 짚고 넘어간다. 차를 잘 끓이기는 쉽다. 하지만 완벽하고 근사하게 차를 끓이려면 좀 더 많은 지식과 준비가 필요하다.

음료로서 차의 기원은 5000년에 걸친 복잡하고 다채로우며 세계적인 역사를 거슬러 올라간다. 고대 중국에서 시작된 차 문화는 일본과 인도, 마침내 서구까지 퍼져나갔다. 그 역사는 원기를 돋워주는 차의 특성을 찬양했던 전설적인 중국 황제들과 일본 승려들, 19세기 인도에서 차 생산을 상업화했던 대담한 영국의 선구자들을 어우른다. 이후로 전 세계 사람들은 차를 거래하고 애용하고 숭배해왔다.

차가 생산되는 모든 지리적 원산지에서는 해당 지역의 차나무가 지닌 향과 맛, 색에 개성과 문화적 맥락을 불어넣을 수 있는 고유의 수확 후처리 과정을 개발했다. 현재 세계에 존재하는 차의 종류는 대략 2000가지로 알려져 있다. 차 종류를 구별하는 주요 특성으로는 찻잎의 형태, 크기, 가공 과정의 산화 정도 등이 있다. 하지만 홍차든 우롱차든 녹차든 백차든 모든 차는 결국 카멜리아 시넨시스, 즉 차나무라는 하나의 종에서 비롯된다.

미국 차 협회에 따르면 차는 이제 세계에서 두 번째로 많이 소비되는 음료이며(첫 번째는 물이다), 그렇게 사랑받게 된 원인을 밝혀내기 위해 면밀한 연구가 진행되어왔다. 차나무는 인체 건강과 심리에 도움이 된다고 과학적으로 입증된 천연 화합물의 살아 있는 보고이다. 항산화제와 아미노산, 단백질, 미네랄, 비타민 등 두뇌와 신체에 좋은 여러 성분이 풍부하게 함유되어 있다. 차가 오래전부터 사랑받은 이유는 커피와 마찬가지로 카페인이 함유되어 있기 때문이지만, 커피와의 유사성은 그것뿐이다. 차의 카페인은 중추신경을 자극하고 정신을 맑게 하며 신체 반응 시간을 줄여주지만, 한편으로 차에서 발견된 유익한 아미노산인 L-테아닌은 진정 효과를 지닌다. 이처럼 대조적인 성분의 흥미로운 조화는 마치 동양철학의 음양陰陽과도 같으며, 왜 그리도 많은 사람들이 차를 마시는 휴식 시간이 원기를 돋워줄 뿐만 아니라 마음을 안정시켜 준다고 여기는지 설명해준다. 수천 년 전 지구 저편 먼 나라에서 탄생하여 세계 교역의 주요 품목으로 떠올랐던 차는, 이제 건강하고 기능적이며 사람들이 열광하는 음료로 또 한 번 급부상하고 있다.

1장
차나무

차의 간략한 역사

차의 역사는 신화, 사실, 전설과 민족 설화가 뒤섞여 있다. 이 이야기는 고대의 숲과 사원 안에서 시작되어, 서로 연결된 놀라운 역사의 그물망을 거쳐 전 세계적으로 활발한 교역이 이루어지는 현대의 화려한 공간까지 이어진다. 이 다채로운 차의 계보를 풀어내려면 추리소설과 식물 고고학 양쪽 모두를 동원해야 한다.

뜨거운 음료 중 세계적으로 가장 중요한 세 가지는 차와 커피와 코코아다. 그 중에서도 가장 많이 소비되는 것은 단연 차다. 최신 통계에 따르면 세계에서 매년 생산 및 소비되는 음료는 2450억 리터에 이르며, 그중 가장 높은 비율인 21퍼센트 이상을 뜨거운 차가 차지하고 있다.[1]

역사 기록에 등장한 최초의 차나무는 기원전 2737년경 고대 중국까지 거슬러 올라간다. 당시 중국을 다스리던 신농神農 황제는 전설적인 약초학자이기도 했다. 설화에 따르면 신농이 병에 걸려 다양한 약초로 치료약을 만들고 있을 때 야생 차나무 잎 몇 장이 그가 만든 약 속에 떨어졌다고 한다. 차가 든 약을 시험 삼아 먹어본 그는 몸 상태가 한결 나아진 걸 느꼈고, 이 식물에 중국어로 차茶라는 이름을 붙였다.

이후 2000년간 중국 문헌에는 차에 대한 기록이 나타나지 않지만, 기원전 1122년에서 서기 22년 사이의 것으로 추정되는 공식 기록에 다시 차가 등장한다. 지금까지 발견된 최초의 다기도 이 시대에 만들어진 것이다. 또 다른 설화에 따르면 차 문화는 인도에서 시작되어 불교와 함께 중국과 일본 등 다른 아시아 국가들로 전파되었다고도 한다. 하지만 불교의 창시자인 싯다르타 고타마가 중국에 온 적이 있다는 확실한 증

---

1 World consumption of beverages, Wageningen Academic Publishers.

거는 발견되지 않았다. 어쨌든 중국과 인도, 그리고 아마도 미얀마와 타이가 야생 차나무의 원산지임은 분명하다. 차나무는 약초로 널리 사용되어왔는데, 그것을 처음 음료로 만들어 마신 곳은 중국이었다.

차의 기원

8세기에 불교 승려들이 둥글게 압축한 '병차餠茶'를 중국에서 가져온 것을 계기로 일본의 차 문화가 시작되었다. 이 병차를 사용하여 일본식 마차의 초기 형태가 만들어졌다. 780년에 중국 작가 육우가 최초의 차 경전인 《다경》을 출간했다. 1100년대에는 일본 최초의 다원에 중국에서 들여온 차나무 씨앗이 심어졌다. 이 시기에는 다양한 형태의 병차를 마차로 만들어 마셨다. 병차를 잘게 부수어 빻은 가루를 뜨거운 물과 함께

일본의 초기 다도 의례. 미학과 절차에 중점을 두는 의식이다.

휘저어 거품 이는 음료로 만든 것이다.

명 왕조시대(1368~1644) 중국에서는 찻잎을 우려내는 방식의 차가 유행하게 되었다. 이때까지 아시아 전역에서는 대부분 녹차를 마셨지만, 16세기 후반 중국 푸젠성에서 홍차 생산이 시작되었다.

동양이 서양을 만나다

늦어도 17세기 초에는 네덜란드와 영국 무역상들이 중국산 차를 유럽과 영 제국으로 수송하기 시작했다. 막 싹튼 세계적 규모의 차 무역은 이 과도기에 급성장했고, 악명 높은 동인도회사가 중국산 홍차를 영국으로 실어나르며 '검은 금' 혹은 무이차武夷茶에 대한 사람들의 끊임없는 열망에 불을 지폈다. 17세기를 거치며 차는 유럽 전역을, 특히 프랑스와 네덜란드를 휩쓸었다. 그 무렵 탄생한 영국령 북아메리카의 동해안 식민지에서도 1650년대 초에 이르자 수입을 통해 차를 마실 수 있게 되었다.

1773년 의회 조례를 통해 동인도회사가 영 제국 전체의 차 독점 판매권을 얻었으며, 아메리카 식민지에 새롭게 차 관세가 부과되었다. 그 결과는 1773년 12월 16일 보스턴 티파티 사건으로 나타났다. 아메리카 원주민 차림을 한 일단의 식민지 주민들이 관세에 항의하기 위해 영국 선박에 실린 차를 보스턴 항 앞바다에 던진 것이다. 이보다 덜 알려졌지만, 곧이어 동해안 식민지를 따라 위치한 다른 항구들에서도 비슷한 '티파티' 사건이 아홉 번이나 일어났다. 이 사건들은 결국 미국 독립전쟁으로 발전했으며, 미국이 커피 선호 국가가 되는 데 영향을 미쳤다. 그 결과 21세기 초에 이른 지금까지도 미국에서 소비되는 뜨거운 음료는 커피가 지배적이다.

19세기 중반 무렵에는 영국 경제의 거의 5퍼센트가 차 무역과 연관

1773년 보스턴 티파티. 배에 실린 차가 바다에 버려지고 있다.

되어 있었다. 중국과 영국 정부 사이의 정치적 갈등으로 인해 동인도회사의 차 독점 판매권이 폐지되었다. 이는 영국의 열성적인 차 유통업자들이 새로운 차 공급원을 찾아 나서게 만드는 계기가 됐다.

영국인들은 1788년부터 인도에 다원을 조성하려고 노력했지만 그 노력의 대부분이 수포로 돌아갔다. 19세기 중반부터 차 무역상들은 일본과 대만, 실론(현재의 스리랑카)을 비롯한 다른 지역에 자립 가능한 차 생산지를 세우는 데 역점을 두었지만, 여전히 중국산 차는 쾌속 범선에 실려 전 세계로 수송되었다. 당시 가장 빠른 해상 운송수단이었던 이 배는 오로지 중국산 차 수송을 위해 개발된 것이었다.

이처럼 차 무역이 활발했음에도 영국 관료들은 중국이 수천 년간 개량해온 차 생산 기술에 대한 직접적인 정보가 더 필요하다고 생각했다. 기본적인 경작 방법부터 차나무 자체에 관한 식물학적 지식에 이르기까지. 그러다 1835년 인도 북동부의 다르질링이 영국령으로 합병되면서 이후 수십 년간 대규모 다원 개발을 위한 기반이 확보되었다. 1848년에 스코틀랜드 출신의 로버트 포천이 중국 차 생산 관련 정보를 최대한 모으고 차나무 씨앗과 묘목을 인도로 밀수하는 대단히 흥미롭고도 위험천만한 임무를 맡게 되었다. 이 임무는 놀랍도록 성공적으로 완수되었으며, 이와 같은 산업 스파이 행각 배후의 정치싸움은 1839년 중국의 아편 전쟁을 야기한 결정적 원인이 되기도 했다. 영국의 과도한 중국 차 수입으로 두 국가 사이에 무역 불균형이 일어났고, 이를 상쇄하기 위한 영국의 아편 수출이 중국에서 반발을 일으켰던 것이다.

이후 수십 년이 지나자 영국은 중국에서 수입한 차보다 자체 식민지에서 생산한 차를 더 많이 소비하게 되었고, 일본과 실론 등 다른 국가에서도 차 생산량이 급증했다. 새로운 공급원들이 생기고 더욱 다양한 종류의 차가 유통되면서 차 무역과 판매는 세계적으로 확산되어갔다.

유명 브랜드

미국에서 최초로 인기를 얻은 포장된 차 상품은 19세기 중반 '그레이트 애틀랜틱 앤드 퍼시픽 티 컴퍼니'에서 제조한 '티 넥타Thea-Nectar'였다. 이 회사는 아직도 A&P라는 이름으로 영업 중이다. 당시의 광고에 따르면 티 넥타는 '녹차의 향미를 지닌 순수 홍차'였다. 차가 A&P 사의 탄생과 발전에 중요한 역할을 하긴 했지만, 이 회사의 급격한 성장에는 당시 미국 전역에 생겨나던 식품 연쇄점이라는 무시 못 할 배경이 있었다.

스코틀랜드 출신의 토머스 립턴은 1890년 실론에 대규모 다원을 만들었다. 포장된 차가 가정의 필수품으로 널리 알려진 데는 그의 역할이 컸다. 1893년에 립턴의 이름을 내건 회사가 세워졌고, 1898년 무렵엔 이 회사의 상품들이 전 세계로 팔려나가고 있었다. 식품 연쇄점의 놀라운 확산과 이를 통한 대량 유통은 립턴 차가 유명해지는 데 한몫했다.

20세기에는 쇼핑몰, 패스트푸드 프랜차이즈, 슈퍼마켓 등 오늘날 소비자들에게 익숙한 현대적 소매 유형 대부분이 탄생했다. 차도 이 흐름을 타고 대량생산 포장 판매와 편의성, 저렴함을 앞세워 필수품이 되기에 이르렀다. 이런 경향은 이미 19세기 말에 나타나 20세기에 들어 최고조에 달했다. 20세기 말이 되자 차 애호가들은 이국적이고 새로운 맛, 개선된 포장과 유기농 재배 찻잎을 적극적으로 받아들이기 시작했다. 스페셜티 차의 시대가 빠르게 다가온 것이다.

아이스티

미국 남부에서 얼음을 넣어 차갑게 한 차를 마시기 시작한 것은 적어도 1870년대 이전부터였다. 그러나 당시의 아이스티는 보통 홍차가 아닌 녹차로 만들어졌다. 흔히 미국에서 발명된 것으로 여겨지는 아이스티는 실제로 남부의 부유층만이 즐겨 마시는 특수한 음료였다. 그들이 아이스티를 마실 수 있었던 것은 북부에서 채취하여 공수한 얼음 덕분이었다. 현재 일상적 음료인 달콤한 아이스티의 시작도 이 시기로 거슬러 올라간다.

차의 다양한 명칭

스웨덴의 저명한 식물학자 칼 린네는 차나무를 비롯한 생물의 분류학 체계를 고안한 사람이다. 1735년에 그가 출간한 기념비적 저작 《자연의 체계》는 아시아로부터 온 특정 종자식물군에 카멜리아(Camellia, 동백나무속)라는 명칭을 부여했지만, 본래 그의 분류체계에서 차나무는 이 식물군에 포함되지 않았다.

카멜리아는 필리핀의 예수회 신부이자 선교사였던 게오르크 카멜을 기리기 위해 그의 라틴어 이름인 카멜루스Camellus에서 따온 명칭이었다. 1706년에 카멜루스가 사망한 뒤, 린네는 아시아 식물학 연구에 대한 그의 공헌을 기려 기존의 이름 대신 이 명칭을 해당 속屬에 부여했다. 하지만 린네의 이 같은 경의 표시와는 별개로, 카멜이 실제로 이 식물군에 대해 알았다는 증거는 없다.

본래 린네가 차나무에 붙인 학명은 테아 시넨시스Thea sinensis였다. 그는 네덜란드 상인들을 통해 이 식물을 접했는데, 자바 섬에서 차를 들여온 그들은 유럽 대부분의 국가에 차나무의 존재를 알렸다(초기 차 무역에서는 러시아와 포르투갈 상인들 또한 선구적 역할을 했다). 네덜란드인들은 원산지 주민들에게서 들은 이름을 그대로 가져와 차를 '테te'라고 불렀다. 린네는 이를 태양신 헬리오스, 새벽의 신 에오스, 달의 여신 셀레네의 어머니인 그리스 여신 테이아Theia와 연결시킬 수 있겠다고 생각하여 이 명칭에 또 다른 의미를 부여했다. 빛의 여신으로 숭배되었던 테이아는 아시아로부터 수입한 이 음료에 더욱 특별한 느낌을 부여해줄 이름이었다.

린네 이전에도 이미 1712년에 독일 학자 엥겔베르트 켐퍼가 인도와 일본을 둘러보던 중 차를 알게 되어 '테아'라는 명칭을 부여한 바 있었다. 시넨시스sinensis는 라틴어로 '중국에서 온'이라는 뜻이다. 당대의 일부 식물학자들은 차나무의 학명을 '테아 비리디스Thea viridis'와 '테아 보헤아Thea bohea' 두 가지로 정했는데, 많은 사람들이 가공된 차의 두 가지 주요한 종류인 홍차와 녹차가 각기 다른 차나무 종으로 만들어진다고 여겼기 때문이다. '비리디스'는 라틴어로 '초록빛'이라는 뜻이고, '보헤아'는 차의 기원지로 여겨지는 중국의 산 무이武夷를 음차한 말이다. '테아 보헤아' 혹은 '무이차'가 바로 오늘날 우리가 아는 홍차다. 이 명칭은 동유럽의 지역명인 보헤미아Bohemia와 전혀 관련 없으며 어원도 다르다. 참고로, '보헤미아'라는 말은 프랑스어로 집시를 가리키는 '보엠bohème'

차의 언어별 명칭

언어	명칭	언어	명칭	언어	명칭
아프리칸스 (남아프리카 공화국 공용어)	tee	헝가리어	tea	러시아어	chay
아랍어	shai	아이슬란드어	te	세르비아어	čaj
벵골어	cā	인도네시아어	teh	싱할라어	tae
미얀마어	laathpaatrai	아일랜드어	tae	슬로바키아어	čaj
체코어	čaj	이탈리아어	tè	소말리어	shaaha
중국 샤먼어	te	일본어	o-cha	수단어	téh
중국 광동어	cha	자바어	teh	에스파냐어	te
중국 표준어	ch'a	한국어	cha	스와힐리어	chai
덴마크어	te	현대 라틴어	thea	스웨덴어	te
네덜란드어	thee	라트비아어	tēja	타밀어	tēnīr
에스페란토	teo	말레이어	teh	타이어	chā
필리핀어	tsaa	네팔어	ciyā	터키어	chay
핀란드어	tee	노르웨이어	te	우르두어	chā
프랑스어	thé	페르시아어	chā	베트남어	trà
독일어	tee	폴란드어	podwie czorek	웨일스어	te
그리스어	tsái	포르투갈어	cha	이디시 (유럽과 미국의 유대인 공용어)	tyy
히브리어	teh	펀자브어	cāha	요루바어	tii
힌디어	chai	루마니아어	ceai	줄루어	itiye

에서 유래한 것이다. 차tea가 처음 영어권에 들어왔을 때는 테이tay로 발음되었는데, 지금도 일부 방언에서는 그러하다.

린네가 붙인 학명은 금세 잊혔다. 1818년에 차나무의 속명屬名이 카멜리아로 바뀌었고 그에 따라 차나무의 공식 학명은 '카멜리아 테아 Camellia thea'가 되었다. 이후 1905년 국제식물명명규약에 따라 차나무는 하나의 식물종으로 확정되었으며, 공식 학명은 '카멜리아 시넨니스(린나이우스) 오 쿤츠CAMELLIA SINENSIS (Linnæus) O. Kuntze'로 정해졌다. 뒤에 붙은 명칭은 독일의 식물학자로 1887년에 차나무를 린네의 분류체계인 동백나무속에 포함시킨 오토 쿤츠를 가리킨다.

차의 생태

차의 원료가 되는 잎은 앞서 언급했듯 아시아 자생의 동백나무속 관목식물에서 수확한다. 동백나무속에는 식물 250여 종이 포함되는데 모두 동아시아 자생종이다. 하지만 현대에 동백나무속은 차의 원료보다도 동백나무Camellia japonica의 아름다운 꽃으로 더 잘 알려져 있다.

　세계에서 상업적으로 생산된 모든 찻잎은 동백나무속의 한 식물종인 카멜리아 시넨시스에서 수확한 것이다. 차나무는 다년생이며 야생 상태에서 9~15미터 높이까지도 자란다. 《다경》을 저술한 고대 중국의 학자 육우에 따르면, 차나무가 하도 높이 자라서 잎을 따려면 나무를 베어 쓰러뜨려야 한다고 했다. 중국 윈난성에는 3000년도 넘은 차나무들이 있다고 한다. 이 차나무들은 오랜 수령에도 불구하고 여전히 보호림에서 서식하고 있으며, 놀랍게도 그 잎은 수확되어 정부가 허용한 절차 하에 차로 가공된다.

차의 품종

차나무의 두 가지 주요 품종이 현재 유통되는 모든 차 상품의 원료가 된다. 중국에서 주로 재배하는 차나무는 카멜리아 시넨시스 시넨시스('중국') 품종이며, 다른 하나는 인도 북동부의 고유종인 카멜리아 시넨시스 아사미카('아삼' 혹은 '인도') 품종이다. 중국 품종은 작고 덤불 같으며 아삼 품종은 크게 자라 나무와 비슷하다(적어도 야생 상태에서는). 일부 전문가들은 제3의 차나무 품종인 카멜리아 시넨시스 캄보디엔시스('자바')가 존재한다고 믿지만, 이 의견은 아직 식물학계에서 공식적으로 받아들여지지 않았다. 오래전부터의 의식적, 무의식적 이종교배 관습 때문에 개별 품종의 순수성을 확인하는 일이 점점 어려워지고 있다. 이 문제를 해결하기 위해 현대의 DNA 분석 과학이 도입되었다. 야생 차나무 중 일부는 DNA가 파악되었고 정부에 의해 보호종으로 지정되기도 했지만, 대부분은 인도와 중국의 미개간 숲속의 출입 금지 구역에 남아 있다.

차나무 잎은 타원형에서 창처럼 뾰족한 것까지 다양하나 기본적으로 단순한 형태이다. 진녹색에 표면이 반들반들하며 가장자리에 미세한 톱니가 있고 줄기에 어긋나기로 달린다. 다양한 품종의 차나무 잎 두께는 원산지의 해발고도에 따라 달라지는데, 대체로 높은 곳에서 자랄수록 잎이 얇다. 최종 생산물의 질을 기준으로 말하자면 찻잎이 얇을수록 차의 품질이 높다.

차나무 꽃은 작고 하얀색이며 노란 수술이 달려 있어 단지 더 작을 뿐 그들의 아름답고 유명한 사촌인 동백꽃과 비슷하다. 단지 크기가 더 작을 뿐이다. 동백꽃과 마찬가지로, 꽃향기는 은은하고 달콤하며 꽃송이는 하나씩 피거나 짝수로 조그맣게 무더기를 이루어 핀다. 차나무에

카멜리아 시넨시스
(시넨시스 품종)

내한성 상록수 관목으로 잎 모양이 작고
길쭉하다. 자연 상태에서 3미터 높이까지
자라지만 다원에서는 보통 수확하는 사람의
허리께에 올 정도로 다듬어진다.

카멜리아 시넨시스
(아사미카 품종)

중국산 차나무의 변종으로 잎이 더 크다.
아삼 지역 고유종이며 인도산 홍차
대부분의 원료가 된다.

서 꽃은 중요한 기관인데, 카멜리아 시넨시스 종은 외부의 꽃가루 매개자를 통해 생식하기 때문이다. 이 역할을 해주는 것은 벌을 비롯한 곤충들이다. 초록색이나 갈색의 작고 단단한 열매 안에 씨방이 맺히며 그 안에 씨앗이 한 개에서 네 개까지 들어 있다.

찻잎

차나무에서 차를 우리기에 가장 이상적인 부분은 줄기 끝의 작은 어린잎 한 쌍과 그 사이의 새순이며, 백차에는 그중에서도 새순만이 사용된다. 대부분의 식물과 마찬가지로 차도 어린잎과 새순에 더 많은 영양분과 휘발성 오일, 엽록소가 집중되기 때문이다. 이런 성분들은 향미에도 큰 영향을 끼쳐서 봄에 딴 찻잎의 질이 가장 좋다고 여겨진다. 다년생 식물인 차나무는 일 년 내내 새잎이 난다. 나무 자체의 수명도 수십 년에 이르며 때로는 백 년을 훌쩍 넘긴다. 중국의 고지대에서 자라는 차나무는 새잎이 매년 네 번에서 다섯 번 돋아나고, 저지대에서 자라는 아삼 품종은 열흘마다 새잎이 나기도 한다. 하지만 명전明煎 같은 중국의 일부 최고급 녹차는 일 년에 단 한 번, 초봄의 2주 동안만 수확한다. 전통적으로 한 해에 첫 번째로 수확된 첫물차를 최고로 여긴다.

차 특유의 향과 맛과 색을 이루는 화합물을 제외하면, 이 식물에 함유된 특정 화합물들은 두 가지 주된 이유로 형성된다. 성장을 촉진하는 영양분을 제공하고, 곤충으로부터 스스로를 보호하기 위해서다. 카멜리아 시넨시스 종에서 엽록소를 비롯한 물질들이 생성한 당과 지방산, 아미노산은 새잎의 발육과 성장을 돕는다. 또한 이런 화합물들은 우려낸 차의 향미에 복합성을 부여하기도 한다. 카페인과 폴리페놀은 식물을 먹고 사는 곤충들을 물리치는 역할을 하며 다른 성분과 마찬가지로 어린잎에 집중된다. 곤충들은 당이 집중되어 있는 이 부분을 주로 노리기 때문이다.

차나무 부분도

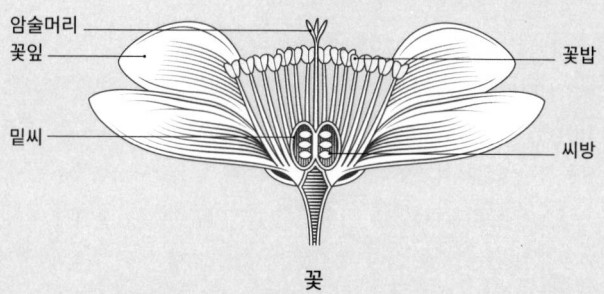

암술머리
꽃잎
밑씨

꽃밥
씨방

꽃

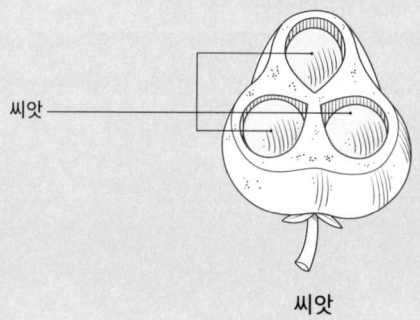

씨앗

씨앗

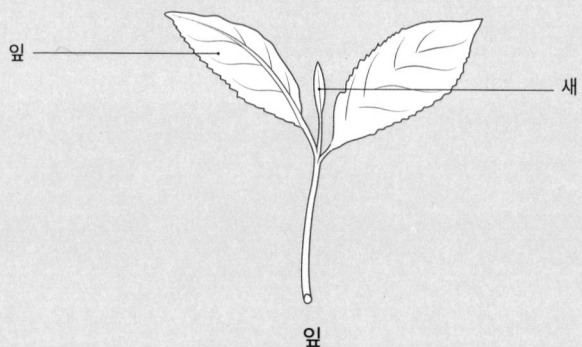

잎

새

잎

생장 조건

차나무는 서늘하고 습한 열대성 고지대, 즉 아시아의 고유 서식지와 같은 조건에서 잘 자란다. 일부 자료에 따르면 차의 최초 서식지는 중국 남서부와 미얀마의 경계에 있는 이라와디 강의 수원지로 좁혀진다. 차가 자라는 지역은 온난 건조 지역부터 매우 건조한 열대 지역과 습한 삼림 지역까지 다양하다. 서식지들의 강수량은 63센티미터부터 3미터까지 광범위하며 연평균 기온 분포도 16도부터 27도까지를 아우른다. 차나무는 생장이 느리고 약산성 토양에서 잘 자라지만, 빙점이나 고도 등 다양한 서식 조건에 맞춰 조금씩 다르게 품종 개량이 되었다. 중국에서 가장 인기 있는 차 중의 일부는 산지에서 자라며, 최고급 품종은 부분 차양 아래에서 세심한 돌봄을 받는다. 대체로 해발 1220미터 이상에서 자라는 차가 최고급에 속하며, 그중에도 해발 1830미터 이상이라면 최상품으로 여겨진다. 아삼 품종은 보통 더 낮은 고도에서 자라지만, 해발 1980미터에서 재배되는 경우도 더러 있다.

관상식물로서의 차

차나무는 아시아와 인도, 아프리카 외에도 다른 여러 곳에서 자랄 수 있으나, 상업적 가치가 있는 작물로 재배하기는 어렵다. 북미에서는 일찍이 1799년부터 차를 상업적으로 재배하려 했지만 한 번도 성공하지 못했다. 주된 이유는 차 수확에 필요한 지극히 집약적인 수작업 때문이었다.

유럽과 미국, 남미와 오스트레일리아의 여러 식물 애호가들은 차나무를 실제로 차를 우릴 수 있는 찻잎을 얻기 위해서라기보다는 정원의 관상식물로 즐겨 키운다. 그 밖의 많은 지역에서는 차나무를 실내에서만 키울 수 있으며, 최근 들어 세계 전역의 식물원에서(실내에서건 실외에서건)도 차나무를 흔히 볼 수 있게 되었다.

차의 식물학적 분류

계
식물계

문
유관속식물문(관다발식물)

아문
종자식물아문(속씨식물아문)

강
쌍떡잎식물강

목
진달래목

과
차나무과

속
동백나무속

종
차나무

재배종

다원 경영자들은 차나무의 두 가지 주요 품종인 시넨시스와 아사미카로 매우 다양한 재배종을 만들어냈다. 차나무는 손쉽게 이종교배시킬 수 있으며, 양쪽의 특정한 면모들을 고루 보여주는 잡종도 자연스럽게 발생하곤 한다. 유기체를 정확히 그대로 복제하는 과정인 클로닝(식물의 경우 종종 잎을 잘라 접붙이기하는 방식이다.)은 재배종의 일관성을 유지하고 무작위 자연 잡종의 부정적인 효과를 줄이기 위해 점점 더 많이 활용된다. 차 산업을 상업적 재배가 어려운(습도가 너무 높거나 낮은 기후여서 재배 조건이 결코 좋다고 할 수 없는) 지역까지 새로이 확장하거나, 건강을 중요시하는 소비자 시장의 급성장을 겨냥한 차(예를 들어 몸에 좋은 항산화제인 카테킨이 많이 함유된)를 만들어내는 데 있어 복제는 점점 더 중요한 역할을 하고 있다.

차나무 복제를 통해 얻을 수 있는 또 다른 긍정적 효과는 향미에 영향을 미치는 화합물, 특히 폴리페놀과 아미노산의 발현을 최적화하는 것이다. 상업적 재배를 위해 만들어져 시장에 유통되는 차나무 재배종은 베니후우키, 야부기다, 다바이 등 수천 가지에 이르는데 개중에는 이미 수백 년간 재배된 것도 있다. 카멜리아 시넨시스 종에서 나온 변종만 해도 천 가지가 넘는다.

때로는 기름을 짜기 위해 차나무의 씨앗을 수확하기도 한다. 이렇게 만든 티 오일에는 찻잎과 마찬가지로 건강에 유익한 여러 성분이 들어 있다. 참고로 티트리tea tree, Melaleuca alternifolia는 오스트레일리아 자생종이며 식물학적으로 차나무와 전혀 관계가 없다. 하지만 차나무 외에도 동백나무속에 유용한 기름을 생산하는 식물이 있긴 하다. 동백나무Camellia oleifera 역시 씨앗에서 티 오일을 얻을 수 있으며, 동백나무속의 모든 종과 마찬가지로 아시아 자생종이다. 중국 전역에서는 티 오일을 식용유뿐만 아니라 화장품 원료와 도구의 부식을 방지하는 코팅제로 사용한다.

차의 재배와 수확

황무지나 미개간지에서는 수백 년 방치된 차나무가 웬만한 나무 크기로 자라기도 한다. 하지만 차 재배자들은 수확할 때의 실용성을 고려하여 차나무를 적당한 크기로 다듬어둔다. 대부분의 다원에서 차나무는 1.2~1.5미터 높이로 가지런한 대열을 이루며 심어져 있다.

차나무는 온화한 기후 말고도 연간 130센티미터에 이르는 강우량을 필요로 하며 산성 토양에서 더 잘 자란다. 여러 고급 차 품종들은 해발 1830미터 이상의 고지대에서 재배된다. 이 정도 고도에서는 차나무의 성장이 느려지지만 차의 향미는 더 좋아진다.

'자연 조건terroir'이란 프랑스어로 토양과 기후, 고도와 위도를 아우르는 특정 지역의 식물 생장 환경을 말한다. 와인이나 커피 등 다른 기호식품과 마찬가지로, 차에 있어 자연 조건의 영향은 무척 중요하다. 독특한 자연 조건은 해당 지역에서 생산된 차에 비할 바 없는 '감각적 특성'을 형성하며, 때로는 특정한 산꼭대기나 고원으로 범위가 좁혀지기도 한다.

현재 차나무는 일관성 유지를 위해 보통 다 자란 차나무를 꺾꽂이하거나 대량 복제하여 재배한다. 온실이나 모판에서 얼마 정도 성장한 차 묘목은 보통 1미터가량 간격을 두고 줄지어 땅에 심어진다. 지역의 기후를 비롯해 생장을 좌우하는 여러 조건에 따라 각각의 차나무는 서로 1.2~1.5미터씩 떨어져 자라게 된다. 차나무는 성장하면서 수확하기 쉽도록 위쪽이 평평하게 다듬어진다. 렁 프루닝lung pruning, 관목 가장자리에 가지를 몇 개 남겨두었다가 새순이 나오면 바로 쳐내는 것.이라는 손질법은 차나무를 최종 목표에 적합한 상태로 유지해준다. 최고의 수확물인 싱싱하고 연한 어린잎이 돋아나게 하는 것이다.

찻잎 따기

차의 수확

대부분의 재배지에서 차나무를 땅에 심고 잎을 딸 만큼 키우려면 3~5
년이 걸린다. 찻잎의 질은 전적으로 수확할 때 차나무에서 어떤 잎을 골
라내는지에 달려 있다. 맨 위쪽에 나는 가장 어린잎은 차로 우렸을 때
맛이 뛰어나며 영양분과 향미 화합물 함량도 높다. 최고급 백차의 경우
가장 바깥쪽에 돋은 새순을 골라 딴다. 성숙한 차나무의 꼭대기로부터
겨우 2.5~7.5센티미터 아래까지 난 잎만이 찻잎으로 선택받는다.

　찻잎을 따는 것은 노동 집약적 과정이다. 새순 하나가 솟아 서서히
펼쳐지면 나뭇가지는 더 길게 뻗어 다음 새순을 틔울 준비를 한다. 찻잎
수확은 나뭇가지 끝에서 가장 최근에 난 새순을 따는 일이다. 일꾼은 차
나무 대열 사이로 걸어가며 나무 맨 위쪽의 잎(혹은 새순)을 노련하게
딴다. 차나무 사이로 한 번 지나갈 때마다 얼마나 많은 잎을 딸지 결정
하는 것은 노련한 일꾼이 아니라면 어렵고 복잡한 과정이다. 무엇보다
도 시장의 수요와 차나무의 상태를 고려하여 한 번에 딸 찻잎의 양을 결
정해야 한다.

수확 방식과 대상 소비자에 따라 질 좋은 찻잎에 좀 더 오래된 다른 찻잎을 섞을 수도 있다. 하지만 향미로 유명한 품종의 경우 보통 한 해에 첫 번째로 딴 첫물차가 선호된다.

예로부터 손으로 따는 방식을 최고로 친다. 맨 위쪽 줄기에서 가장 최근에 난 잎만 골라 딸 수 있기 때문이다. 이렇게 잎을 따는 동안 몸을 굽히거나 뻗을 필요가 없다면 작업이 훨씬 쉬워지기 때문에, 차나무 높이를 허리에 닿을 정도로 유지하는 것이 이상적이다. 현대에는 주로 아르헨티나와 일본의 여러 대규모 다원에서 기계 수확 방식을 도입했는데, 그로 인해 차나무의 높이가 더욱 중요해졌다.

기계 수확

기계 수확은 대체로 생산자에게 비용 효율이 더 좋은 방식이지만, 수확한 찻잎의 질은 손으로 딸 때에 못 미친다. 기계로 수확한 찻잎에는 줄기와 아래쪽 가지의 묵은 잎이 더 많이 섞이며 전반적으로 내용물이 고르지 못하다. 다만 일본의 경우는 주목할 만한 예외를 보여준다. 일본에서는 거의 모든 찻잎을 기계로 수확하는데, 그 작동이 아주 정교하게 조

마차

일본에서만 생산되는 전통 스페셜티 차인 마차는 모든 차를 통틀어 가장 독특한 부류에 속한다. 마차는 몇몇 특정한 차나무 품종의 녹차 잎을 곱게 갈아서 만드는데, 이 차나무 품종들은 오직 마차 원료로 쓰기 위해 수백 년 동안 세심하게 재배해온 것이다. 마차용 차나무는 다른 차나무와 달리 생장주기의 마지막을 차양 아래에서 보낸다. 소규모 농장에서든 대규모 다원에서든 차나무들은 수확 전 몇 주 동안 그물에 덮여 있게 된다. 이 그물은 어느 정도의 빛을 투과시키되 차나무의, 특히 새로 돋아나는 잎의 생장주기를 바꿔놓기에 충분한 그늘을 형성한다.

종되어 찻잎의 질이 손으로 딴 것에 딱히 뒤지지 않는다. 아르헨티나는 수작동 기계를 사용하여 대량생산 제품에 사용 가능한 등급의 홍차 잎만을 수확한다.

부지런한 일꾼은 하루에 찻잎 34킬로그램을 딸 수 있다. 찻잎 0.5킬로그램을 모으려면 중국 품종 차나무의 어린잎과 새순을 2000장 정도 따야 한다. 아삼 품종의 찻잎은 더 크고 묵직해서 어린잎과 새순을 2000장 따면 무게가 0.9킬로그램에 이른다.

남아 있는 기록에 따르면 야생 차나무들의 수명은 수백 년에 이르기도 한다. 하지만 농산물로서의 차나무는 대체로 40~100년간(전자는 인도에서 흔한 아삼 품종의, 후자는 중국 품종의 평균 수명이다) 쓸 만한 찻잎을 생산하는 것으로 간주된다.

여러 차 재배지에서 수확은 몇 주 혹은 몇 달 넘게도 계속되는 작업이다. 차나무의 생장주기식물이 특정한 성장 단계에 도달하기까지 걸리는 시간.는 여러 요소 중에서도 특히 기후와 고도의 영향을 받으며, 주기가 가장 빠른 나무의 경우 1~2주마다 수확 가능한 새순이 솟아난다. 가장 높은 고도에서는 차나무의 성장이 느려져 생육 기간연중 현저한 성장이 일어나는 기간.이 훨씬 짧아지며 봄에 국한된다. 차의 상업적 생산은 항상 성장 조건과 연관되어왔지만, 고대와 현대의 농학 덕분에 아시아의 차 원산지보다 훨씬 더 넓은 지역에서 차 농사로 수익을 거둘 수 있게 되었다. 그러나 가장 각광받는 차의 대부분은 여전히 높은 고도에서 재배된다.

차의 생산

차 생산은 상업화의 초창기부터 이미 풍부한 노동력과 저렴한 인건비에 긴밀히 연결되어 있었다. 4000제곱미터의 땅에 차나무를 심고 돌보고 찻잎을 수확하려면 평균적으로 노련한 일꾼 1.5~2명이 필요하다. 산출량이 높아진 품종들과 개선된 농작물 관리법으로 인해, 4000제곱미터의 땅에서 수확된 아삼 홍차의 양은 지난 100년 사이 180킬로그램에서 454킬로그램으로 늘어났다. 가장 생산성이 높은 다원에서는 4000제곱미터당 680킬로그램 이상 수확량을 달성하기도 한다.

차를 감미롭고 인기 있는 음료로 만든 주요 특성은 바로 차의 향미다. 이 향미는(차의 영양 성분과 마찬가지로) 새순에 집중된 성장력과 밀접하게 연결되어 있다. 차나무가 성장을 위해 합성하는 화합물 중에는 천연 성장촉진제나 살충제 구실을 하는 화학물질들도 포함된다. 하지만 천연 살충제 성분에도 불구하고 병충해는 지금까지도 차 농사에 있어 골칫거리다. 차나무를 공격하는 해충은 최소한 150종으로 추정되며, 아시아에 제일 많고 아프리카에 제일 적다.

차나무의 생장에 또 다른 위험 요소는 곰팡이를 비롯해 습기로 인한 질병들이다. 곰팡이와 연관된 질병은 세계적으로 380여 가지에 이르는 것으로 발견되었다. 병충해와 곰팡이는 해마다 거의 3200만 킬로그램의 찻잎을 망쳐놓고 있다. 다른 농부들과 마찬가지로, 차 재배자들은 손해를 줄이기 위해 살충제나 살균제 같은 화학적 무기에 의존하고 있다.

환경 파괴와 음식물 잔류 독성에 대한 우려가 늘면서 소비자들은 차의 원산지와 품질에 더욱더 민감해지게 되었다. 지난 수십 년간 차 재배자와 유통업자들은 유기농 차의 구매와 검사, 정보 표시로 이런 소비자의 요구에 부합하려 했다. 2011년 일본 북동부에서 일어난 해일과 그에

차양의 효과

차나무에 차양을 드리울 때 나타나는 주된 변화는 엽록소와 카페인, 타닌, 비타민 C, 그리고 L-테아닌을 비롯한 일부 아미노산의 증가다. 찻잎을 말려서 빻은 가루로 거의 형광색에 가깝게 밝은 녹색의 마차 음료를 만드는데, 이 음료는 일반적인 녹차보다 더 녹차 고유의 맛이 뚜렷하고 달콤하다.

따른 핵 원자로의 방사능 유출 재해도 이 흐름에 영향을 미쳤으며, 일본산 차의 방사능 오염 증거가 거의 없었음에도 불구하고 품질관리 개선과 광범위한 검사에 대한 요구가 터져 나왔다.

수확한 찻잎은 해당 지역의 공장으로 운송되어 무게 측정 뒤 선별된다. 보통 손으로 세척하여 나뭇가지와 돌멩이 같은 불필요한 폐기물을 골라내고, 그런 다음 본격적인 가공 단계에 들어간다.

차의 가공

차는 제조 과정에서 여러 주요 단계들을 거친다. 싱싱한 푸른 잎이 매 단계에서 물리적, 생화학적 변형을 거쳐 하나의 차 상품으로 완성된다. 차의 가공 단계로는 건조, 유념, 분쇄, 산화, 열처리(가열), 선별(분류)이 있다. 제조할 차 종류가 홍차인지, 우롱차인지, 녹차나 백차인지에 따라 찻잎에 가해지는 가공 단계가 정해지며 때로는 그 순서도 달라진다. 따라서 가공 단계의 수와 차례는 차의 종류마다 다르다.

위조

홍차, 우롱차, 녹차, 백차 등 대부분의 차는 먼저 가볍게 습기를 제거하는 위조萎凋 단계를 거친다. 차나무에서 딴 잎을 큰 쟁반이나 받침 위에 펼쳐놓는다. 대체로 야외나 폐쇄된 가공 구역에 두고 자연 바람에 말리거나 가벼운 부채질로 건조를 돕는다. 몇 시간에서 한나절까지도 걸릴 수 있는 이 과정을 거치면 찻잎은 수분의 50~80퍼센트를 잃고 흐늘흐늘하며 부드러워져 유념에 적합한 상태가 된다.

위조 단계에서 찻잎은 무수한 생화학적 변화를 겪는다. 탄수화물과 지방과 단백질이 단당류, 아미노산, 복합 휘발성 오일(지질류)로 분해되어 종국에는 향미 화합물을 형성한다. 물과 이산화탄소가 빠져나가 증발하면서 엽록소 함량이 줄고, 카페인과 아미노산 함량이 증가한다.

위조 단계가 제일 중요한 차는 우롱차와 홍차로, 12~20시간이 소요된다. 찻잎을 오래 위조할수록 더욱 다양한 화학물질이 발현되는데, 이 물질들은 우롱차와 홍차 고유의 향을 형성하는 화합물의 전구체가 된다.

차의 가공 단계

백차	우롱차	녹차	홍차
살청 (일부에 해당)	위조 (일광 건조)	위조 (대부분에 해당)	위조
↓	↓	↓	↓
위조 (일광 건조)	유념, 주청 (찻잎의 세포막 파괴)	살청 (솥 혹은 오븐에 넣고 열처리)	유념 (전통 방식)
↓	↓	↓	↓
유념 (일부에 해당)	부분 산화	유념, 건조	완전 산화
↓	↓	↓	↓
포장	열처리 (솥 혹은 오븐에 넣고 가열)	포장	열처리
	↓		↓
	포장		포장

유념과 성형

찻잎을 손이나 기계로 비비고 부수고 비트는 공정이다. 찻잎의 세포막이 파괴되어 효소액이 흘러나오게 된다. 예전에는 손으로 유념을 했는데, 양손 사이에 찻잎을 끼우고 비벼서 비틀리고 부서진 찻잎에서 흘러나온 액체로 찻잎이 코팅되게 했다.

기계화된 유념 과정에서 찻잎은 기계를 통과하며 크고 뒤엉킨 뭉텅이에서 더 작고 균일한 조각들로 분리된다. 홍차의 경우 부서진 찻잎에서 흘러나온 효소액이 산화 과정을 촉진시킨다.

중저급 찻잎을 대량으로 처리할 때 가장 흔히 쓰이는 성형 방식은 CTCcrush, tear, curl, 즉 부수고 빻아서 뭉치는 것이다. 부수거나 빻지 않은 찻잎으로 된 차는 '정통식 차orthodox tea'라고 부르며 CTC 차보다 고급으로 여겨진다.

산화

산화는 홍차를 다른 모든 종류의 차(녹차, 우롱차, 백차 등)와 구분하는 공정으로, 종종 부정확하게 발효로 일컬어지곤 한다. 바닥이 철망으로 된 커다란 그릇이나 선반에 5~10센티미터 두께로 찻잎을 고르게 펼쳐 놓는다. 이렇게 하면 찻잎 위아래로 바람이 충분히 통한다. 그대로 놔두면 찻잎이 산화되는데, 각각의 차 생산회사는 고유의 산화 시간을 정해 놓고 있다. 이 과정 동안 찻잎에 남아 있던 수분의 대부분이 사라진다.

산화가 일어나는 온도는 21~32도 사이, 습도는 75~90퍼센트 사이로 범위가 넓은 편이다. 산화 시간은 30분에서 3시간 이상까지도 걸리는데 주변의 온도와 차의 종류에 따라 달라진다. 백차와 녹차는 산화를 거치지 않고, 우롱차는 부분적으로 산화시키며, 홍차는 완전 산화시킨다.

열처리

산화를 멈추기 위해 찻잎에 열을 가하는 공정이다. 찻잎에 뜨거운 증기를 쐬거나 찻잎을 열 터널에 통과시키는 방식으로 처리된다. 60~77도의 온도로 진행되며, 시간은 10분에서 한 시간까지도 걸린다. 이 과정은 찻잎의 효소 단백질을 완전히 제거하고 효소를 전멸시켜 찻잎을 더 이상 부식되거나 분해되지 않는 안정 상태로 만든다.

　　찻잎을 열처리하는 이유는 네 가지로 정리할 수 있다. 효소 제거, 산화 중단, 유념과 성형 과정의 향미 증진, 수분 제거이다.

분류

열처리한 찻잎은 크기에 따라 등급별로 분류된다. 손으로 분류하거나, 찻잎의 크기를 고르게 맞추기 위해 눈 크기가 다양한 체로 내려서 분류한다. 고급 찻잎은 보통 수작업하거나 단순한 체와 수작업을 병행하여 처리한다. 일반적으로 하루 동안 세척하여 분류한 찻잎을 그날의 마지막 단계에 체로 내린다. 이렇게 하면 비슷한 크기와 색, 형태끼리 분류된 다양한 찻잎 모음이 만들어진다.

운송

20세기 말까지 수확과 가공을 거친 찻잎은 나무 상자에 담겨 운송되었다. 나무 상자에는 생산 국가와 다원의 이름, 실제 중량이 적혔다. 현대에 찻잎은 열과 습기와 빛으로부터 좀 더 안전하고 신선하게 보존될 수 있는 방식으로 포장된다. 찻잎을 골판지로 겹겹이 감싸 안쪽이 플라스틱으로 코팅된 호일 상자에 담는 것이다. 고가의 차를 운송할 때는 산소를 차단해주는 질소 충전 포장을 이용하기도 하며, 그중에도 더욱 고급스러운 차는 수분을 제거하기 위해 개별 포장에 일일이 건조제 봉지를 넣기도 한다.

차 경작 지역

이제 차는 세계 전역에서 경작된다. 차 재배가 아시아 전역과 다른 대륙으로 퍼져나간 것은 대체로 지난 200년 동안이었지만, 이젠 남극을 제외한 모든 대륙에서 40개국 이상에 분포된 농업 공동체가 차를 재배하고 있다. 하지만 차 생산 국가가 많이 늘어났기는 해도 상업적 생산품의 질과 양은 천차만별이며, 강수량과 온도와 토질은 물론 전통적으로 선호되는 차의 종류에 큰 영향을 받는다.

세계에서 가장 차를 많이 수입하고 재수출하는 국가는 독일이다. 독일은 차가 전혀 생산되지 않는 나라지만, 차를 경작지에서 대용량으로 수입하여 새로운 가치를 더하는 포장업자들의 네트워크가 잘 발달해 있다. 영국이 세계 유수의 차 생산국일 것으로 오해하기 쉽지만, 이 나라는 온실이나 소규모 지역에서 차가 생산되는 정도일 뿐 오랜 차 애호 문화를 바탕으로 자리 잡은 포장된 차 상품들로 훨씬 잘 알려져 있다.

아프리카

아프리카에 차나무가 들어온 것은 19세기 말 말라위였다. 아프리카의 적도 기후대는 차 재배에 최적이며, 현재 아프리카는 세계적으로 차 수출량의 30퍼센트를 생산하는 주요 수출 지역이 되었다. 아프리카산 홍차는 대체로 찻물이 진하고 수색이 짙으며 맛이 강하고 바디가 묵직하지만 복합성은 다소 떨어지기 때문에, 강렬한 브렉퍼스트 및 애프터눈 티 블렌드에 흔히 쓰인다. 아프리카 제1의 차 수출국인 케냐는 대량생산 티백에 쓰이는 찻잎의 상당 부분을 생산하며 세계에서도 한 손에 꼽히는 차 생산국이다. 케냐산 차의 대부분은 해발 1525~2745미터에 이르는 그레이트 리프트 밸리아시아 남서부 요르단 강 계곡에서 아프리카 동남부 모잠비크 까지 이어지는 세계 최대의 지구대.의 고지대에서 재배된다. 케냐산 차는 일관적인 품질과 합리적인 가격으로 세계 시장에서 높이 평가받는다.

아르헨티나

아르헨티나의 차 재배는 1960년대에 시작되었으며 이미 자리 잡힌 와인과 올리브유, 마테mate에 이어 대규모 차 생산이 국가 경제에 추가되었다. 아르헨티나의 다원들은 고온다습한 북동쪽 고지대에 집중되어 있으며 주로 홍차를 생산한다. 아르헨티나는 현대적이고 기계화된 수확기구를 활발히 도입하여 생산량을 늘리고 비용을 절감해왔다. 아르헨티나산 홍차는 수색이 짙고 흙처럼 구수한 향미에 바디는 중간 정도이다. 찻잎은 주로 수출되며 대량생산 티백과 요식업계의 인스턴트 아이스티 제품에 널리 사용된다.

중국

차의 고향이 세계 제1의 차 생산국인 건 지극히 당연한 일이다. 중국에서는 오로지 차만 재배하는 작은 지역이 200곳이 넘으며 이런 곳들에서 수천 가지의 차를 생산한다. 차 생산은 주로 푸젠, 저장, 윈난, 쓰촨, 후난, 안후이, 후베이 등 남동부 성省들에 집중되어 있다. 중국의 차 재배지는 93억 776만 제곱미터에 이르며 스무 개 성에 분포되어 있다. 차는 주로 작은 마을에서 재배되어 지역 협동조합에서 가공된다. 녹차, 홍차, 백차, 우롱차, 보이차는 물론 재스민과 랍상소우총을 비롯한 다양한 방향차들이 중국에서 생산되는데 그중 녹차가 대략 3분의 2를 차지한다.

중국산 녹차와 홍차의 다수는 품질이 중급 정도로 대부분 대량생산

차 생산지대

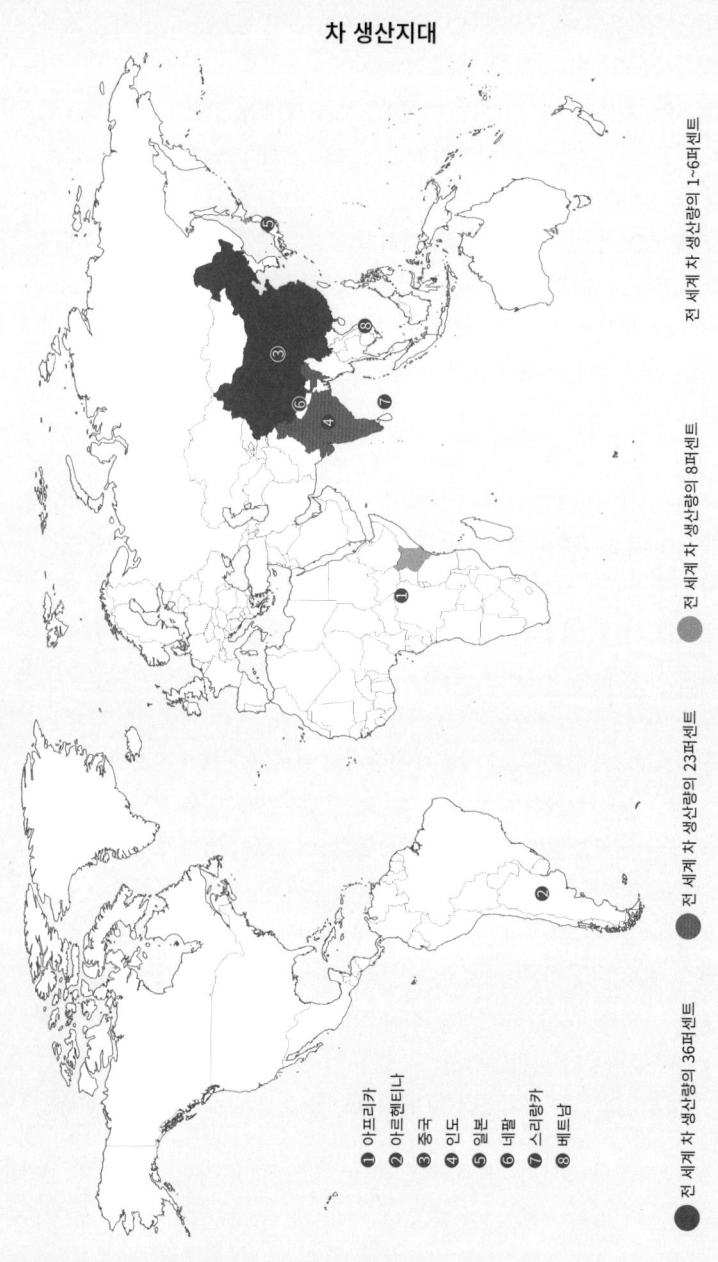

① 아프리카
② 아르헨티나
③ 중국
④ 인도
⑤ 폴
⑥ 네팔
⑦ 스리랑카
⑧ 베트남

전 세계 차 생산량의 36퍼센트

전 세계 차 생산량의 23퍼센트

전 세계 차 생산량의 8퍼센트

전 세계 차 생산량의 1~6퍼센트

티백에 사용되지만, 많은 지역에서 여전히 잎이 길쭉한 고급 차나 병차 餠茶 등 스페셜티 차를 생산하고 있다.

중국 최고의 차 생산지는 이례적으로 다양하여, 작은 농장과 대규모 다원이 해발 460~1220미터의 낮은 곳부터 해발 1830미터의 윈난성 일부 고지대까지 분포한다.

중국산 차 이름을 정하는 규격화된 공식은 존재하지 않으며, 따라서 소비자의 눈앞에는 근사하고 이국적이고 현란한(그리고 때로는 혼란스러운) 선택지가 펼쳐진다. 많은 차 이름이 해당 생산지의 산이나 신성한 마을, 강, 신화적 인물에서 따온 것이다.

인도

인도는 주요 홍차 생산국으로 1만 3000개 이상의 다원에서 200만 명이 넘는 사람들이 일하고 있다.

인도산 홍차는 진하고 수렴성이 강하면서도 향미가 복잡하여, 단독으로 마시기 좋은 차부터 브렉퍼스트나 애프터눈 블렌드 재료로 쓰기 좋은 차까지 광범위한 것으로 유명하다. 인도산 차의 대부분은 양을 최우선으로 하는 대량생산 제품에 들어가지만 옛 방식대로 생산되는 정통식 차 생산도 여전히 활발하다. 후자는 상업적 가치가 높고 맛이 대체로 더 뛰어난 길쭉한 찻잎을 주로 겨냥한다. 인도에서 생산한 홍차는 대부분 수출되지만, 국내 소비자들도 홍차를 즐겨 마신다. 진하게 우려서 아무것도 넣지 않고 그대로 마시거나, 때로는 생강을 비롯한 향신료와 설탕과 우유를 넣어 마시기도 한다. 유행에 민감한 미국인 소비자라면 이 혼합 음료가 바로 '차이'임을 알아차릴 것이다. 인도에서 사랑받는 이 국민 음료는 빠르게 전 세계로 퍼져나가고 있다.

인도 북동부의 아삼 지역은 세계에서 가장 넓은 단일 홍차 생산지다.

2000개 이상의 다원에서 매년 엄청난 양의 홍차를 생산한다. 중급 아삼 홍차는 브렉퍼스트 블렌드나 티백에 사용되지만, 고급 아삼은 전 세계의 스페셜티 차 애호가들에게 높이 평가된다.

전설적인 다르질링의 다원들은 아삼에서 북서쪽으로 193킬로미터 떨어진 히말라야 산맥 기슭에 위치한다. 대부분 해발 1525미터에 있는 약 87개의 다원이 다르질링의 차 산업을 형성하고 있다. 다르질링 차는 수십 년간 '홍차의 샴페인'으로 찬양받아왔다. 다르질링 특유의 복합적인 수렴성, 즉 '머스캣 포도 같은 상큼함'과 꽃향 섞인 산미는 다른 어떤 차에서도 찾아보기 힘들다. 아삼과 다르질링 두 지역 모두 유기농 인증을 받은 다원들이 있다. 노동자들의 불만과 기상이변은 이 지역들에서 차 생산을 시작할 때부터 골칫거리였지만, 그럼에도 꾸준히 세계의 차 애호가들이 칭찬할 만한 차가 생산되고 유럽인들, 특히 독일인들은 다르질링 차의 대부분을 수입하고 있으며 유기농 다르질링 차도 애호한다. 독일은 다르질링 차의 단일 최대 시장이다.

일본

현재 일본에서 생산되는 대표적인 차는 양적으로나 질적으로나 녹차라 하겠다. 일본인들이 가장 즐겨 마시는 음료도 녹차이며 잎차부터 다양한 혼합 음료와 블렌드 티, 인스턴트까지 선택지도 다양하다. 일본은 세계적으로 인스턴트 차를 가장 많이 마시는 나라에 속하며 녹차뿐만 아니라 홍차와 우롱차도 널리 사랑받는다.

일본산 녹차는 바늘 형태의 질 좋은 잎으로 유명하다. 일본산 차의 80퍼센트 이상이 센 처, 교쿠로, 호지차 등 고급 녹차 종류에 속한다. 과학적 연구에 따르면 일본인들의 높은 녹차 소비량과 장수는 어느 정도 상관이 있다고 한다. 일본인들은 세계에서 가장 평균 수명이 길다.

일본산 녹차의 대부분을 대략 60만 개의 다원 가문이 생산한다. 일본에는 완벽한 자동 수확 체계가 갖춰져 있지만, 일부 녹차는 여전히 손으로 수확된다. 수확하기 알맞은 상태의 찻잎만을 골라내는 적절한 방식으로서 예로부터 선호되어왔기 때문이다. 수확한 찻잎은 자동 혹은 반자동 공장에서 흠잡을 데 없는 품질관리 기준에 따라 가공된다.

일본산 녹차는 식물성이 강하여 부드러운 풀향이 느껴지면서도 쓴맛은 거의 없다. 수색은 흐릿한 녹색에서 비취색, 거의 형광에 가까운 밝은 녹색까지 놀랍도록 다양하다.

네팔

네팔은 홍차 중심의 소규모 차 생산국이다. 연간 차 생산량의 대부분이 국내에서 소비되며 수출은 적은 편이다. 구릉 지대인 이곳에서 차를 재배한다는 것은 산업 인프라 부족과 수십 년간의 정치 투쟁 때문에 쉽지 않은 일이었다.

매년 네팔에서 생산되는 차의 일부는 다르질링 차에 혼합되는 것으로 악명이 높다. 세계 시장에서 다르질링의 판매량이 실제 생산량보다 많다는 것은 다르질링 차 생산자들도 잘 아는 사실이다. 네팔산 차는 다르질링 차와 상당히 비슷한 특징을 갖는데, 지리적으로 인접해 있으니 놀랍지 않은 일이다. 하지만 이런 난관들에도 불구하고 의지 강한 네팔 농부들은 열심히 그들의 차를 홍보해왔으며, 스페셜티 차 상점과 인터넷에서도 서서히 네팔산 차를 취급하기 시작했다.

스리랑카

스리랑카(예전의 실론)의 차 재배는 1867년 겨우 7만 7000제곱미터 넓이의 땅에 뿌리를 내렸다. 상업적 생산은 1824년 중국에서 들여온 차나무 한 그루로부터 시작되었다. 최초의 실론 홍차는 1873년에 전설적인 런던 경매에서 판매되었고, 그 직후부터 생산량이 급증했다.

스리랑카는 차 중에서도 거의 홍차만을 생산한다. 스리랑카의 차 산업은 인도에서 들여온 차나무와 농업 기술을 바탕으로 한다. 이 두 국가에서 생산된 차는 몇 가지 점에서 유사하지만, 향미는 서로 뚜렷하게 구분된다.

1971년까지 스리랑카 다원의 80퍼센트는 영국계 회사들의 소유였다. 그 후 스리랑카 정부가 차 산업의 대부분을 장악하고 3분의 1 정도만 개인 소유가 되었다. 다원은 해발 915~2440미터 사이에 분포하며, 고급 홍차는 대체로 해발 1370미터 이상에서 자란다. 스리랑카의 이 유명한 고지대(인도의 다르질링 지역과 기후가 비슷하다)에는 주요 차 생산 지역 여섯 곳과 650개의 다원이 자리한 소구역 서른여덟 곳이 있다. 거의 모든 다원이 홍차만 생산하고 있으나, 일부 다원에서 스리랑카의 연간 차 생산량 1퍼센트에도 못 미치는 소량의 백차와 녹차가 나오긴 한다. 스리랑카산 홍차는 수렴성이 강하고 진하며 살짝 단맛이 나는 것도 있다. 수색은 화려한 적갈색이다.

스리랑카에서는 정통식 잎차와 CTC, 두 가지 모두를 생산한다. 전자는 스페셜티 차 시장으로 보내지고, 후자는 좀 더 흔한 블렌드 티에 사용된다. 정통식 홍차 생산은 스리랑카의 큰 자랑이다. 많은 스리랑카산 고급 홍차는 향미와 균형이 뛰어나서 차 전문가들이 말하듯 '스트레이트'로, 즉 우유나 크림, 설탕, 레몬 같은 첨가물이 전혀 없이 즐길 수 있다. 스리랑카산 CTC 홍차는 대부분 과일이나 스파이스 가향차의 바탕이 된다.

대만

대만에서 차 재배는 1796년, 그곳의 지명이 아직 포모사 섬이던 시절에 시작되었다. 중국에서 차나무를 들여와 해발 305미터 이하의 소규모 농원들에 심었던 것이다. 오늘날 대만산 차는 대부분 부분 산화하여 우롱차로 가공되며 오래전부터 중국 본토로 수출되었다. 최근 들어 이 수출 흐름은 다소 둔화되었는데, 대만에서 차 산업의 방향을 바꿔 국내 홍보에 힘을 쏟았기 때문이다. 이제 대만산 차의 75퍼센트 이상이 국내에서 소비되며 나머지는 미국과 일본으로 수출된다.

대만산 우롱차는 세계에서 가장 뛰어난 스페셜티 차에 속한다. 꽃향, 훈연향, 풀향을 비롯해 온갖 광범위한 향미를 드러내며 모든 차 종류를 통틀어 가장 복잡한 감각적 특성을 지닌다.

고지대 산지에서 재배한 우롱차의 가격은 킬로그램당 260파운드를 호가하며, 소수의 차 전문가들은 이 한정판 차를 반드시 구하려고 안달한다.

대만산 우롱차의 연간 생산량은 2만 5000톤이 약간 넘는다. 차 재배

차 관광

점점 더 많은 차 애호가들이 차 재배지로 여행을 떠나고 있다. 일본, 인도, 스리랑카, 특히 중국에서 여행자는 차를 테마로 한 축제에 참여하거나 다원과 가공 공장, 박물관, 차 가게를 견학할 수 있다. 이런 유행에 따라 인도 북동부 다르질링의 유명한 차 재배지와 스리랑카 고지대에는 리조트 수준의 숙박업소들이 들어섰다. 인도의 일부 다원들은 여전히 영국 식민통치 시대까지 거슬러 올라가는 가문들의 지배를 받고 있다.

그 밖에 방문해볼 만한 차 생산지로는 네팔, 네덜란드 암스테르담, 오스트레일리아, 그리고 아주 최근에 다원이 생긴 하와이가 있다.

지는 약 1억 6000만 제곱미터이고 차 재배 및 가공 장인에 대한 지원 제도도 잘 갖춰져 있다. 그러나 유감스럽게도 이 차 장인들은 늙어가고 있으며, 여러 세대에 걸쳐 전해온 그들의 지식을 이어받는 데 관심을 가진 젊은이들은 좀처럼 보기 드물다.

베트남

베트남은 월남전이 끝난 1975년 국제 차 시장에 발을 들여놓았다. 20년 전만 해도 국내와 일부 지역 시장에만 차를 공급했지만, 이제는 CTC 홍차 생산량에서 아르헨티나를 20퍼센트 이상 뛰어넘었다. 베트남산 홍차는 아르헨티나산 홍차와 비슷한 중급으로 대량생산 블렌드 티에 적당하며 수색, 바디, 향미 또한 아르헨티나산과 유사하다. 베트남에서는 소량의 녹차도 생산하고 있다.

2장
차의 화학 작용

차의 핵심 성분

싱싱한 상태이든 말리고 나서든 찻잎은 카페인, 항산화제, 아미노산, 비타민과 미네랄 등 광범위한 자연 발생 화학물질을 함유하고 있다. 건조와 세심한 산화 과정(백차와 녹차의 경우에는 생략되지만)을 거치면 이 물질들은 무한히 다채로운 맛과 색과 향, 그리고 건강에 좋은 다양한 성분들로 변화하게 된다. 말린 찻잎에 함유된 모든 성분이 차로 우러지는 것은 아니지만, 그래도 유익한 물질의 상당 부분은 찻물에 녹아 인체로 흡수된다.

미국 차 협회에 따르면[2] 차 섭취와 건강의 연관성에 대한 과학적 연구가 5600건 이상에 이른다. 차가 전 세계적으로 인류의 건강에 미치는 영향은 아직도 완전히 파악되지 못한 상태다. 하지만 이 소박한 음료가 만병통치약에 가장 가까운 마실 거리라는 사실은 거의 확실하다. 인체 건강에 유익한 차의 핵심 성분과 영양소로는 항산화제, 카페인, 아미노산, 비타민, 미네랄 등이 있다. 그러면 이 성분들을 간단히 살펴보자.

항산화제

항산화제는 활성 산소로 인한 손상과 활성 질소가 세포에 끼치는 악영향을 막거나 지연시키는 자연 발생 화학물질이다. 산화로 인한 세포 손상은 암, 심장병, 조로 등의 질환을 초래할 수 있다. 모든 차에는 다양한 종류와 분량의 유익한 페놀 항산화제가 함유되어 있다.

플라보노이드는 여러 식물종이 합성하는 광범위한 폴리페놀 화합물로 차, 와인, 코코아, 과일과 채소 등의 음식물에서 발견된다. 차는 영국

---

2 As reported at the Fifth International Scientific Symposium. See www.teausa.com

카테킨
$C_{15}H_{14}O_6$

의 식생활에서 주요 플라보노이드 공급원이며 세계 여러 다른 나라에서도 그러하다. 플라보놀은 플라보노이드의 하위 범주로, 차에 함유된 플라보노이드의 90퍼센트에 달한다. 플라보놀에는 카테킨, 테아플라빈, 테아루비긴 등의 물질이 포함된다. 에피갈로카테킨 갈레이트EGCG는 녹차의 주된 카테킨 성분이며, 테아플라빈과 테아루비긴은 홍차의 주된 항산화제 물질이다.

백차는 주로 단순한 페놀 화합물만 함유한 반면, 수확 후처리 과정과 열처리를 거친 홍차나 강산화 우롱차는 더욱 복합적인 카테킨, 그리고 타닌과 유사한 테아플라빈 및 테아루비긴 성분을 함유한다. 이런 화합물들은 건강에 이로워 연구 대상이 되는 항산화제이기도 하다. 차 가공방식의 다양성 때문에 백차의 단순한 페놀부터 홍차의 적赤타닌 분자까지 무한에 가깝도록 다양한 화합물들이 발생한다.

집중적인 과학 연구 결과, 모든 차는 유리기와 DNA 손상을 줄여 암 발병률을 낮추는 데 도움을 준다는 견해가 제시되었다. 세포자멸사를 촉진하여 암세포의 통제 불가능한 성장을 억제하고, 암세포 발달을 막는 데 유익한 면역체계를 강화시킨다는 것이다. 이 연구 결과는 여러 학술지 지면에 발표되었다.

카페인

$$C_8H_{10}N_4O_2$$

카페인

카페인은 중추신경계 자극 물질이다. 정신을 맑게 하고 반응 속도를 빠르게 하며 온갖 생리적, 인지적, 정신운동성 활동에 영향을 미친다. 카페인은 차에 함유된 천연 화합물로, 적당히 섭취하면 무해하다고 알려져 있다. 카페인이 적당량 함유된 차는 집중도를 높이고 피로를 쫓으며 의식을 또렷하게 해준다고 여겨진다. 차의 카페인 함량은 특정 원산지, 블렌딩, 찻물의 농도에 따라 달라진다.

차를 뜨거운 물에 우려내면 폴리페놀 항산화제가 카페인과 결합하여 이 자극 물질의 방출을 약화시키고 느리게 한다. 차와 커피의 카페인 함량이 비슷하다는 생각은 잘못된 것이다. 차 한 잔의 카페인 함량은 드립 커피 한 잔에 든 카페인의 3분의 1 정도이며, 에스프레소 한 잔과 비교할 경우 상대적으로 더 적어진다. 커피보다 낮은 카페인 함량과(1인분을 기준으로 할 경우) 위와 같은 카페인 조절 작용 때문에 차의 순간적인 에너지 분출 효과는 커피에 비해 약하지만, 바로 그것이 전 세계 차 애호가들에게는 또 다른 장점으로 받아들여진다.

L-테아닌
$C_7H_{14}N_2O_3$

$$\text{HO}-\overset{\displaystyle \overset{\text{NH}_2}{|}}{C}-\cdots\text{NHEt}$$

아미노산

차에는 약 스무 가지 아미노산이 함유되어 있는데 그중에도 가장 중요
한 것은 테아닌이다. 테아닌 혹은 L-테아닌은 차 외의 다른 음식물에서
는 찾기 어려운 아미노산으로, 특정 버섯류에 소량 함유되어 있을 뿐이
다. 테아닌은 흥미로운 향정신성을 지닌 것으로 알려졌는데, 신경 전달
과 연관된 뇌의 수용체와 결합하여 뇌파 중에 알파(α)파를 증진시키는
것이다. 한정적이긴 하지만 유효한 의학 연구에 따르면, L-테아닌은 인
지 활동과 정신 집중력을 향상시키고 스트레스 해소에 좋다고 한다. L-테
아닌은 영양이 풍부한 거품 녹차인 일본산 마차에 특히 많이 들어 있다.

비타민

말린 찻잎에는 비타민 A, B, C, K 등이 함유되어 있다. 이 중에서 비타민
B 복합체와 비타민 C만이 수용성이다. 찻물에 우러나는 비타민 B 복합
체와 비타민 C의 양은 적은 편이지만 균형 잡힌 식생활에 도움이 된다.

미네랄

찻물에는 칼슘과 불소, 마그네슘, 망간, 포타슘, 아연 등 다양한 미네랄이 들어 있다. 이런 성분들은 모두 인체 건강에 도움이 되지만, 함유량이 유의미한 수준인 것은 포타슘뿐이다. 망간은 신체 발달과 뼈 성장에 필수적이며, 포타슘은 체액의 농도를 유지하고 근육을 보호한다.

차 마시기에 대한 오랜 편견 하나는 카페인과 불소 같은 차의 특정 성분이 뼈를 약화시킨다는 것이다. 최근 조사에 따르면 차를 마심으로써 오히려 정반대 효과가 생기는 것으로 나타났다. 여성 노인들을 대상으로 한 연구 결과는 차를 하루에 네 잔 이상 마시는 여성의 골밀도가 차를 전혀 안 마시는 여성의 골밀도보다 높아졌음을 보여준다. 칼슘이 풍부한 우유를 차에 첨가해 마시는 습관 또한 뼈 건강 유지에 중요하다고 하겠다.

건강 음료로서의 차

미국 농무부에 따르면 홍차나 녹차 한 잔(240밀리미터)은 당, 지방, 섬유질, 단백질이 전혀 들어 있지 않은 반면 소량의 비타민 B 복합체와 포타슘, 망간 등의 미네랄을 함유한다. 무가당 녹차와 홍차는 무칼로리 음료인 셈이다. 또한 차는 체내에 수분을 공급해준다. 홍차와 녹차 모두 항산화제를 함유하지만, 건강에 미치는 효과와 관련해선 녹차가 더 긴밀하게 연구되어왔다. 녹차에 풍부하게 함유된 잠재 항산화제인 카테킨은 항염증, 항암 효과가 뛰어난 것으로 밝혀졌다. 미국 차 협회에 따르면 인구 조사 결과 홍차를 하루에 세 잔 이상 꾸준히 마시는 사람들은 심장병과 뇌졸중 발생률이 감소했다. 이 같은 홍차의 유익함은 항산화제인 테아플라빈과 테아루비긴 덕분일 가능성이 높다.

생화학적 과정

차를 끓이는 일은 단순한 작업이다. 찻잎에 뜨거운 물을 붓고 우린 다음 찻잎을 걸러 잔에 따라 내면 된다. 하지만 간단하게 만든 음료가 흡수되는 동안 뇌와 신체에서는 엄청나게 복잡한 일련의 생화학 반응이 일어난다. 찻잎과 뜨거운 물을 결합시키는 이 간단한 행위로 인해 휘발성 오일, 영양소, 항산화제를 비롯한 수백 가지 화합물이 들어 있는 맛 좋은 액체가 만들어지는 것이다.

이 모든 화합물이 찻물에 온전히 녹아나진 않지만, 무사히 찻물 속에 방출된 물질들은 곧 뇌와 신체에 흡수되고 각자 혹은 서로 연합하여 유익한 효과를 발휘한다. 폴리페놀 타닌과 단백질 성분은 찻물 색을 다양하게 변화시킨다. 찻잎에 풍부하게 들어 있는 오일 성분은 따뜻한 물에 녹아(그중 일부는 곧바로 증발해버린다) 아찔하고 이국적인 향을 발산하며 차를 마시는 경험 전반에 또 다른 차원을 선사한다. 차를 홀짝이는 순간에 따르는 느낌과 감각은 그 어떤 다른 경험과도 비교하기 어렵다. 어떤 사람은 편안해진다고, 어떤 사람은 원기가 솟는다고, 또 다른 사람은 상쾌하면서도 동시에 침착해지고 머리가 맑아진다고 말한다. 이렇게 단순한 음료치고는 놀랍도록 다양한 효과들이다.

말린 찻잎에 함유된 카페인, 영양소, 휘발성 오일 등의 고형물은 찻잎의 고유한 성질을 비롯해 수확 후처리 과정, 추출 시간과 사용한 물의 특성, 찻물의 섭취량 등 다양한 요소에 따라 찻물에 우러나서 인체로 흡수된다.

차와 아로마테라피

차를 우릴 때의 아로마테라피 효과를 건강에 유익한 것으로 꼽는 차 전문가들은 아직 드물지만, 전문적으로 훈련받은 아로마 치료사들은 차향의 다양함을 파악하고 구분하는 법을 터득해왔다. 모든 차에 함유된 수백 가지 에센셜 오일과 휘발성 오일은 어지럽도록 다채로운 아로마 부케bouquet를 형성한다. 노련한 아로마 치료사가 차 애호가에게 우러난 차의 향기를 집중해서 들이마시도록 권하는 이유는 두 가지다. 찻물에 녹아 증발하는 유익한 휘발성 오일을 최대한 들이마시고, 각각의 차 향기에 대한 기억을 뇌에 제대로 저장하기 위해서다. 목표는 단순히 차의 맛과 수색이 주는 인상보다 더 많은 점들을 파악하는 것이다. 이 같은 아로마 화합물은 차 각각의 독특한 향미와 건강상 유익함에도 기여한다.

수분 공급

찻물은 중요한 수분 공급원이다. 찻물의 99퍼센트는 수분이며 수용성 고형물이 나머지 1퍼센트를 차지한다. 영국 영양학회의 조언에 따르면 차만으로도 하루에 필요한 수분 섭취량을 충족할 수 있다. 또한 차를 통해 한 번에 섭취하는 카페인이 300밀리그램을 넘지 않는 이상(차 6~7잔에 해당하는 양) 차가 이뇨 작용을 일으키진 않는다고 한다. 실험 결과에 따르면 카페인 300밀리그램 이상을 한 번에 섭취할 경우 이뇨 작용이 발생할 수 있지만, 일상적인 차 섭취로 이만큼의 카페인을 섭취하기는 어렵다. 게다가 규칙적인 차 음용은 카페인 내성을 일으키므로 이뇨 작용도 줄어든다. 반면 커피는 한두 잔만 마셔도 카페인 섭취량 300밀리그램을 넘길 수 있다.

디카페인 차

1906년 루트비히 로젤리우스라는 독일 상인이 커피의 카페인 제거 공정에 특허를 취득했다. 이 기술의 여파로 차에서도 카페인을 제거할 수 있게 되었지만, 세계적으로 디카페인 차가 유통되기 시작한 것은 1980년의 일이다. 차의 카페인을 제거하는 방법은 다양하다. 대표적으로 초임계 유체 추출법, 에틸아세테이트법, 메틸렌클로라이드법이 있다.

차에는 자연 발생 카페인이 1.5~4.5퍼센트 함유되어 있다(실중량 기준). 미국 식품의약국에 따르면 카페인의 97퍼센트를 제거한 차에만 디카페인decaffeinated 상표를 붙일 수 있다. 일부 차 브랜드의 제품에는 '98퍼센트 무카페인caffeine free'이라고 명시되어 있지만, 이는 디카페인 차가 아니라 본래 카페인 함량이 낮은 것이거나, 또는 현행 규제에 따르면 잘못 상표를 붙인 것일 수 있다. '무카페인' 상표는 허브티에만 붙일 수 있기 때문이다.

어린잎과 새순은 묵은 잎이나 줄기보다 카페인 함량이 높다. 이는 자연스러운 현상으로, 쌉쌀한 맛을 기피하는 곤충 포식자로부터 연약한 차나무 새싹을 보호하기 위해서일 것이다. 실험 조사 결과에 따르면 찻잎을 5분 우렸을 때 카페인 함량의 70퍼센트가 찻물에 녹아나오며, 같은 찻잎을 두 번째로 우릴 경우 앞서의 3분의 1이 녹아나온다. 많은 차 전문가들이 찻잎을 우리기 전에 헹궈주면 카페인이 제거된다고 주장하지만 이는 논쟁의 여지가 있다. 찻잎을 헹군다고 딱히 카페인 함량이 줄진 않으며 찻물의 향미만 감소할 뿐이다. 차 애호가들이 즐겨 쓰는 또 다른 방법은 첫 번째 찻물을 15~60초 정도로 짧게 우리고 버리는 것이다. 이렇게 카페인을 어느 정도 제거한 찻잎을 두 번째로 더 길게 우려 마신다. 하지만 이 방법 역시 향미 손실을 감수해야 한다. 차 업계의 소문에 따르면, 용매로 물만 사용하는 디카페인 과정의 상업화가 해결책이 될 수 있다고 한다.

차의 실제 카페인 함량을 정확하게 표기하기란 어려운 편이고, 디카페인 과정을 거친 차는 더더욱 그렇다. 보통 차의 카페인 함량은 제품 하나하나마다, 수확철마다, 심지어 차나무 하나하나마다 달라지기 때문이다. 소비자들은 종종 '립턴'과 '셀레스티얼 시즈닝스'를 비롯해 몇 안 되는 브랜드에서 내놓은 디카페인 차를, 상표에 적힌 잔여 카페인 함량만 믿고 구입해야 할 상황에 처한다. 함량을 상표에 명시하려는 노력은 인정해야겠지만, 사실 그 함량은 정확성은 둘째치고 일정하지도 않기 십상이다.

초임계 유체 추출법

이산화탄소로 차의 카페인을 제거하는 공정은 종종 이산화탄소법, 액화 이산화탄소법, 초임계 이산화탄소법으로 불리지만 정확히는 초임계 유체 추출법이 옳다. 밀폐된 고압실(25밀리미터당 454킬로그램의 압력이 가해진다)에서 불활성 가스 상태의 이산화탄소로 찻잎을 적신다. 초임계 상태의 이산화탄소가 카페인에 선택적으로 반응하고, 방출된 카페인 알칼로이드는 가스에 결합한다. 고압실에서 가스를 뽑아낸 다음 필터로 카페인을 제거한다. 깨끗해진 이산화탄소는 재사용한다. 이 방법은 잠재적 유해 물질들을 사용하지 않는다는 장점이 있다. 식료품점에서 흔히 볼 수 있는 대량생산 커피 제품을 제조할 때 주로 쓰이는 방법이기도 하다.

유럽과 미국에서 유기농 인증을 받은 차는 초임계 디카페인 공정만을 적용해야 한다. 비용이 많이 들지만 차에 용매가 전혀 남지 않고, 또한 중요한 폴리페놀 항산화제를 더 잘 보존하는 방법이라고도 한다. 미

초임계 액체(CO₂)로
차의 카페인 추출하기

찻잎을 고압실에서
이산화탄소에 적신다

카페인 알칼로이드가
이산화탄소와 결합한다

카페인이 함유된
이산화탄소를 필터로
통과시켜 찻잎과 분리한다

카페인이 제거된 찻잎을 꺼내
가공한다

이산화탄소를 재사용한다

이산화탄소에 고압을 가한다

국에 수입되는 디카페인 차는 이 방법과 에틸아세테이트법만이 허용된다.

에틸아세테이트법

차에서 카페인을 제거하는 용매로 에틸아세테이트를 사용하는 방법은 독성이 낮고 악취가 없는데다 과일과 채소 등 자연 상태의 식물에서도 일어나는 현상이라는 점에서 자연적인 방식으로 여겨진다. 찻잎을 물과 에틸아세테이트에 담그면 대부분의(전부는 아니다) 카페인이 제거된다. 찻잎이 섞인 용액을 증발시키고 남은 찻잎을 포장한다.

에틸아세테이트를 이용한 디카페인 방법은 초임계법보다 폴리페놀 손상이 크며, 일부 민감한 티 테이스터들에 따르면 살짝 다른 맛(혹은 뒷맛)이 남는다고도 한다. 커피 원두도 종종 같은 용매를 사용하여 디카페인 처리된다.

메틸렌클로라이드법

이 방법에는 메틸렌클로라이드 함유 용액이 사용된다. 찻잎을 이 용액에 담그면 차에 함유된 카페인 분자가 메틸렌클로라이드 분자와 결합한다. 액체를 제거하고 찻잎을 건조하여 포장한다.

유럽연합은 다른 지역보다 차의 살충제 및 오염물질 잔여량 기준이 엄격하지만, 그럼에도 차의 카페인을 제거하는 데 이 방법을 허용한다. 하지만 미국에서는 메틸렌클로라이드를 사용한 디카페인 방식이 커피에만 허용되며 차에는 금지되어 있다. 공정 후 찻잎의 메틸렌클로라이드 잔여량과, 이 물질을 규칙적으로 섭취할 때 일어날 수 있는 잠재적 피해에 대한 미국 식품의약국의 우려 때문에 금지한 것이다.

차와 건강

차는 오랫동안 기분 전환용 음료로 소비되어왔다. 하지만 차의 고향인 고대 중국과 인도에서 차는 원래 건강에 도움이 되는 강장제로 찬양받았다. 현대에 와서 건강은 다시금 차의 실용적 기능으로 받아들여지고 있는 듯하다. 탄산음료를 비롯한 고칼로리 마실거리가 엄청나게 소비되는 시대에, 차는 칼로리가 없다는 것이 오히려 장점인 건강한 음료로 점점 더 널리 받아들여지고 있다.

건강에 관한 주요 연구들은 암 치료, 심혈관계 질병, 당뇨, 노화에 따른 신경퇴행성 질병(알츠하이머와 파킨슨병 등), 비만 등에 대한 차의 긍정적 효과를 탐구하는 조사들과 연계되어 있다. 다른 건강 관련 조사들은 진행 중인 질병과의 싸움보다 건강을 돕는 방어적 측면을 겨냥하며, 차 섭취가 운동능력을 증진하고 당뇨나 피부암 같은 병을 막아주는지 여부에 집중한다. 적어도 하나 이상의 연구 결과에 따르면, 찻잎에 함유된 천연 성분 L-테아닌과 에피갈로카테킨 갈레이트EGCG를 섭취하여 일반적인 감기몸살 증상의 30퍼센트 이상을 줄일 수 있다.[3]

암 연구는 차(홍차와 녹차 모두) 섭취에 유방암과 대장암, 직장암, 췌장암, 일부 피부암을 치료할 잠재적 가능성이 있음을 밝혀냈다. 차 자체나 그 주요 성분(EGCG를 비롯한 폴리페놀)의 효력은 여러 연구를 통해 증명되었다. 차가 만병통치약이라는 확실한 증거는 없지만, 다수의 과학적 실험 결과들은 차에 특정한 암의 진행 가능성을 줄여주고 때로는 주된 치료 절차에 도움을 주는 여러 치유 효과가 있음을 보여준다.

---

3 *Journal of the American College of Nutrition* 2007; 26(5). 'Specific formulation of Camellia sinensis prevents cold and flu symptoms' pp. 445-52.

콜레스테롤과 비만

콜레스테롤은 높은 지방 섭취량이 건강과 장수에 미칠 악영향을 우려하는 영양학자들의 주요 연구 주제이며, 차의 주된 표적으로 연구되어왔다. 미국 농무부가 시행한 어느 연구 프로그램의 결론은 '적절한 저지방 식생활에 차를 곁들이면 전체 콜레스테롤 및 LDL혈중 콜레스테롤을 운반하고 동맥경화의 원인이 되는 저밀도 지단백. 콜레스테롤이 현저히 감소하며 그에 따라 관상동맥 질환의 위험도 줄어든다'는 것이었다. 차를 바탕으로 한 콜레스테롤 연구는 암 연구와 마찬가지로 차에 함유된 EGCG 성분에 초점을 맞춘다. 자연적으로 이 화합물이 풍부한 녹차의 경우, 여러 국가의 소비 실태 연구에 따르면 콜레스테롤 섭취의 부정적 결과인 건강상의 위험 일부를 줄여주는 것으로 밝혀졌다. 또한 EGCG의 직접 섭취를 통해 이것이 강력하고 유익한 성분이라는 사실이 재확인되었다.

콜레스테롤과 마찬가지로, 세계적 문제가 된 비만 또한 점점 더 많은 과학자들의 주의를 끌면서 차 섭취의 건강성을 증명할 잠재 영역으로 떠오르고 있다. 일본에서 쥐를 대상으로 시행한 연구는 녹차에서 추출한 카테킨이 콜레스테롤을 낮출 뿐 아니라 지방을 줄이는 효과도 있다는 것을 밝혀냈다. 일본의 또 다른 최신 의학 연구는 이 실험을 인체 대상으로 확장하여 '카테킨을 섭취한 집단이 대조군에 비해 현저한 체중 및 신체비만지수, 체지방, 허리와 엉덩이 둘레, 내장 지방과 피하 지방의 감소를 보였다'는 결과를 얻어냈다. 운동과 균형 잡힌 식단, 거기다 매일 차 몇 잔을 마신다면 체중 조절에 이롭다는 것은 분명해 보인다.

비만은 세계적으로, 특히 중산층에서 크게 증가하고 있는[4] 질병인 당뇨와 직결된다. 이에 대해서도 녹차에 함유된 항산화제인 카테킨이 유

---

4 *Nature*, 2009, 'Connecting obesity, aging and diabetes', pp. 996-7.

력한 해결책으로 전망된다. 중국, 일본, 네덜란드, 한국, 스위스, 그리스, 대만 등 여러 나라의 의학 연구는 이 화합물의 긍정적 효과를 보여준다. 식생활에 따른 비만도가 낮아졌으며 당뇨병 진행의 위험도 감소한 것이다. 이런 유형의 연구에서는 종종 차 추출물로 만든 보조제를 사용하거나, 혹은 차를 음용하는 사람들과 일반인 대조군의 상관관계를 관찰한다. 중국에서 이와 같은 메타 연구를 실시한 결과 '하루에 네 잔 이상의 차 섭취로 2형 당뇨병 위험을 낮출 수 있다'는 가능성이 제기되었다. 대부분의 연구들에서 녹차에 함유된 카테킨이 가장 유익한 성분으로 나타나지만, 차 속의 자연 발생 화학물질을 비롯한 다른 성분들도 유익할 것으로 여겨진다.

심혈관 질환

뇌졸중과 심장마비를 비롯한 심혈관계 질환을 방지하거나 완화해주는 차의 잠재력에 대해 수많은 과학적 연구들이 이루어졌다. 일본과 미국의 연구자들은 녹차 음용이 심장마비 위험을 감소시킬 뿐 아니라 심장마비와 뇌졸중의 치사율을 줄여준다는 사실을 증명해 보였다. 이런 연구 중 일부에서는 홍차도 녹차만큼 효과가 뛰어난 것으로 나타났다.

노화와 건강

미국을 비롯한 세계 여러 지역에서 건강 문제는 인구 노화에 따라 대체로 증가하는 경향을 보인다. 이런 문제 중 하나는 노화와 직결되는 인지 장애의 급증으로, 알츠하이머가 그 대표적인 예다. 차를 중심으로 한 여러 연구는 노화와 관련된 건강 문제를 분류하여 녹차와 그 주요 성분 몇 가지(특히 EGCG와 테아닌)의 가치를 탐색했다. 녹차는 전반적으로 노인들의 우울증 증상을 줄여주고(일본) 파킨슨병 진행의 위험도 감소시키는 것으로(핀란드, 인도, 이스라엘) 나타났다. 알츠하이머와 그에 연관된 뇌혈관 장애 증상도 일부 예방할 수 있었다(일본, 미국).

이런 현상의 원인은 과학적 연구로 밝혀낼 수 있을 것이다. 앞서 살펴본 바와 같이 차 마시기는 차분한 느낌과 정신적 스트레스 감소, 인지 능력 향상에 연관된다. 후자는 차에 함유된 카페인 때문이겠지만, 마음을 차분하게 해주는 효과는 L-테아닌과 연결된다.

L-테아닌은 긍정적 평가를 받고 있지만 이 성분이 스트레스 감소, 수면의 질 향상, (대중적인 주장에 따르면) 생리통 완화 등 차의 긍정적인 작용에 있어 어떤 역할을 하는지는 아직 의학적으로 완전히 밝혀지지 않았다. 2011년 유럽 식품안전청이 발표한 주요 연구 결과에 따르면[5] 현재로서는 이 같은 주장들의 과학적 근거를 찾지 못했다. 반면, 2011년에 이루어진 또 다른 메타 연구는 L-테아닌과 카페인의 결합이 각성 및 진정, 만족 등 긍정적 효과를 유발한다고 (적어도 일부 실험에 따르면) 결론을 내렸다. 어쩌면 L-테아닌과 카페인의 결합이야말로 뇌 활동 향상과 카페인의 과도한 자극에 따른 악영향 감소의 핵심인지도 모른다. 이와 달리 커피를 즐겨 마시는 사람들에게서는 신경과민이 흔한 것으로 알려져 있다.

현대 사회의 여러 건강 유행에서 그러하듯이, 과대광고와 대중적 신화가 완전히 실제와 무관한 것은 아니다. 일상적 차 섭취가 건강에 미치는 여러 가지 유익함에는 합리적 근거가 충분히 있으며, 인류는 오랜 세월 동안 무탈하게 차를 애용해왔다. 여러 차 브랜드와 블로거, 열성적인 애호가들은 과학적 연구자들이 보고한 건강상의 장점을 활용하고 싶은 나머지 때로 아무 근거도 없는 주장을 남발하기도 한다. 차를 즐겁게 마시되, 차에 만병통치약 구실을 기대해선 안 될 일이다.

---

5 *EFSA Journal* 2011; 9(6): 2238.

3장
차와 미각

차의 종류

차의 원산지, 품종, 가공 방식은 엄청나게 다양하지만, 서양에서는 차를 기본적으로 녹차, 홍차, 백차, 우롱차, 보이차 다섯 가지로 분류한다. 이 다섯 가지에 더하여 여러 국가 고유의 무수히 다양한 종류가 존재한다. 예를 들어 중국의 황차黃茶나 아프리카의 퍼플 티purple tea 등이 그렇다. 이런 차들의 인기는 대체로 특정한 국가에 한정되어 있다.

이 같은 차의 종류는 수확 후처리 과정에 따라 산화 정도와 색(말린 찻잎은 물론 우려낸 찻물도)과 향미가 달라지면서 결정된다. 찻잎이 산화되면 폴리페놀과 효소가 복잡한 차 고유의 폴리페놀로 바뀌며, 그로 인해 특정 영양소(가장 중요한 것으로는 L-테아닌이 있다)의 농도를 높이는 항산화제가 변화하여 찻잎의 색과 질감, 향미에 커다란 변화가 일어난다. 수확 후처리 과정은 컵 퀄리티cup quality에 큰 영향을 끼치며 차 한 잔의 맛을 좌우한다.

홍차

중국은 압도적인 녹차(아울러 백차와 우롱차를 비롯한 여러 차들) 생산국이자 소비국이지만, 홍차가 탄생한 곳도 고대 중국이었다. 이제는 스리랑카, 인도, 아프리카, 남미가 세계 유수의 홍차 생산지로 꼽힌다. 스리랑카와 인도 사람들은 홍차 외에 다른 차는 거의 마시지 않는다. 아시아 대부분의 국가에서 홍차black tea는 '붉은 차紅茶'로 불리는데 금적색, 진황색, 주황색부터 때로는 거무스름한 색에 이르는 찻물 색 때문이다. 갓 따낸 파릇한 찻잎을 정확한 정도로 산화시켜야 이 같은 적동색, 갈색, 검은색 찻물을 얻을 수 있지만, 그 밖에도 여러 다른 요소들이 영향

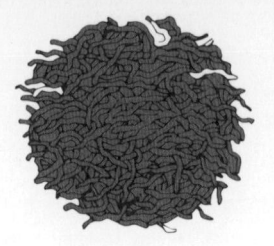

홍차

을 미친다.

인도산 홍차로는 강한 맛이 유명한 아삼이 있으며, 머스캣 포도 같은 뒷맛과 드라이하고 향긋한 느낌이 독보적인 다르질링도 있다. 스리랑카는 고산지대에서 생산한 홍차로 유명한데, 이 차들 역시 맛이 강하지만 그중 상당수는 입에 머금었을 때 처음에 놀랍도록 절묘한 단맛이 난다. 케냐산 홍차는 블렌드 티각기 다른 지역에서 생산된 찻잎을 배합하여 대중적이고 균형 잡힌 맛과 향을 내는 차.에 진한 맛과 색, 바디를 부여하는 바탕 원료로서 세계적으로 애용되는데, 향미가 좀 더 복잡한 다른 차들이 대체로 첫맛을 위해 블렌딩되는 것과는 대조적이다. 남미산 홍차는 진하고 수렴성이 강하며 맛이 단순한 편으로, 대량생산 제품과 요식업계에서 보통 블렌드 티 형태로 소비된다. 중국산 홍차는 엄청나게 진하여 거의 시럽 같은 기문부터 후추향이 나는 윈난까지 온갖 무수한 형태와 향미를 자랑한다.

전 세계에서 아침식사에 곁들이는 '브렉퍼스트 티'는 항상 홍차이며, '하이 티'와 '애프터눈 티'도 대부분 홍차이다. 대체로 홍차는 우유를 약간 넣으면 어울리지만 다르질링과 일부 고급 중국산 홍차(윈난 등)는 예외다. 어디서나 인기 좋은 차이는 홍차 잎과 향신료를 함께 푹 끓이거나 우리는 인도의 전통 음료로, 서양에서는 흔히 설탕과 우유를 넣어 마신다.

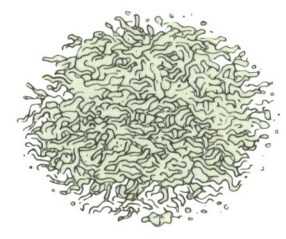
녹차

녹차

녹차는 주로 중국, 일본, 한국과 동남아시아 일부에서 재배되며 매년 3월과 5월 말 사이에 수확된다. 지난 수십 년간 녹차는 대부분 아시아 내에서만 소비되었지만, 이제는 유럽과 북미에서도 녹차의 인기가 대단해서 매년 수입이 늘고 있다. 갓 따낸 찻잎의 산화를 일찍 중단시키기 위해 덖음용 솥과 태양에서 나오는 열과 증기가 교묘하게 활용되고, 그 밖에도 여러 기술이 동원된다. 그 결과 찻잎에 풍부한 항산화제와 깔끔하고 풋풋한 향미가 보존된다.

예로부터 녹차는 홍차보다 카페인 함량이 적다고 여겨졌지만, 최근의 화학적 분석에 따르면 녹차의(그리고 백차의) 카페인 함량은 비슷한 양의 진한 홍차와 비교하여 비슷하거나 오히려 더 높은 것으로 드러났다. 반면 가공 과정은 홍차보다 단순하기에 항산화제가 더 많이 남게 된다. 널리 알려진 녹차로는 중국산 용정차와 일본산 센차煎茶, 그리고 녹차 잎을 작은 공 모양으로 똘똘 뭉쳐 재스민 향을 입힌 '재스민 펄jasmine pearl' 같은 여러 재스민 차들이 있다.

1773년의 유명한 보스턴 티파티 사건에서 보스턴 항 앞바다에 던져진 것은 녹차였지만, 1800년대 이후로는 미국에서도 영국과 마찬가지로 홍차를 녹차보다 선호하게 되었다.

백차

연구자들에 따르면 여러 차 종류 중에서도 일부 백차에 항산화제가 가장 풍부하다. 백차는 시들게 하여 말린 찻잎으로 만들며 열처리나 유념 과정을 거치지 않는다. 백차에 사용되는 찻잎은 나뭇가지 맨 끝의 솜털로 덮인 새순과 그 양옆의 어린잎인데 매년 일일이 손으로 딴다. 백차의 맛은 놀랍도록 은은하며 꿀 같은 달콤함이 은근하게 깔리고 깔끔한 뒷맛이 이어진다. 백차를 우려낸 찻물은 흰색이 아니라 연한 노란색이다. 진하고 강한 홍차나 우롱차, 풋풋한 녹차를 좋아하는 사람들은 상대적으로 백차에 실망할지도 모르지만, 전 세계의 차 애호가들은 백차의 미묘한 여운에 열광한다. 백차는 진하게 우려내야 제맛이 난다.

백차를 최초로 만든 나라는 중국이다. 대표적인 두 종류는 이파리가 길쭉한 백모란과 백호은침이다. 후자는 말린 찻잎이 긴 은회색 바늘처럼 생겼다고 해서 은침銀鍼이라는 이름을 얻었다. 백차는 세계의 어느 차나무 잎으로도 만들 수 있지만, 앞으로 한동안은 어느 나라에서도 중국산 일급품에 견줄 만한 백차가 나오긴 힘들 것이다. 서양에서는 1990년대 이후에야 백차가 알려지기 시작했다.

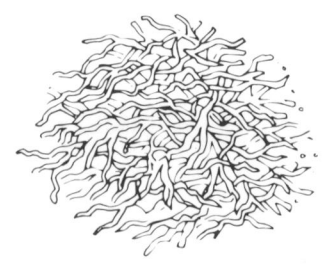

백차

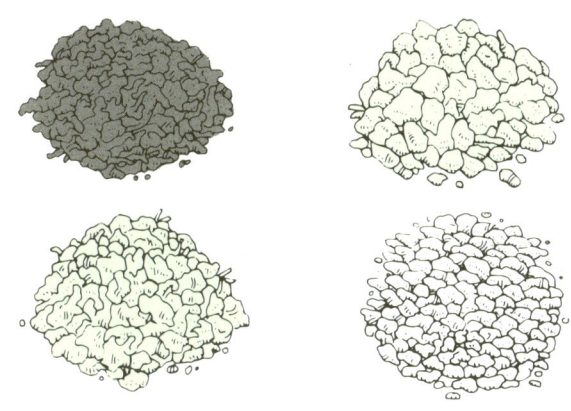

중국과 대만의 다양한 우롱차

우롱차

우롱차라는 명칭은 널리 알려져 있지만 그 뜻을 정확히 아는 사람은 많지 않다. 우롱차는 녹차와 크게 다르지 않은 약산화차, 그리고 맛과 질감이 홍차를 닮은 강산화차 두 가지로 크게 나뉜다. 중국에서 처음 만들어진 우롱차는 대만으로 전파되었다. 우롱차는 거의 모든 차나무 잎으로 만들 수 있지만 가공 과정에 고도의 기술이 요구되며, 이를 완벽하게 숙달하려면 오랜 시간이 걸린다. 우롱차는 다른 차보다 가공 과정을 몇 단계 더 거쳐야 한다. 찻잎을 시들게 하여 산화시키고 특별한 방법으로 유념한 다음 (어떤 종류는) 추가로 산화시키고, 향미를 붙잡기 위해 반복해서 열처리한다.

우롱차의 향과 맛, 외관은 놀라울 정도로 복합적이다. 찻잎과 찻물의 색은 진한 커피색에서 호박색과 황금색까지 다양하다. 차 애호가들과 수집가들은 특히 중국의 동방미인과 대홍포를 극찬하며, 이 차들의 인기는 고급 와인에 필적한다. 대만 고산지대에서 생산된 취산이나 아리산 우롱차는 싱글몰트 위스키나 희귀 미술품처럼 고가에 팔리고 수집된다. 세계적으로 수요가 늘고 있지만 생산량은 한정된 탓에 판매가가 치솟는 중이다.

보이차

중국 윈난성에서 유래한 보이차는 2000년 이상의 역사를 지닌다. 이 차의 다소 별난 형태는 온갖 전설과 미신, 심지어 위조의 대상이 되어왔다. 보이차가 정확히 어떻게 만들어지는지는 차 전문가들마다 의견이 다르지만, 숙차熟茶는 완전 산화된 찻잎(즉 홍차 잎)으로 만드는 반면 생차生茶는 풋풋한 찻잎으로 만든다는 건 확실하다. 두 종류 모두 수작업으로 가공되는데, 둥글고 납작한 형태로 눌러 몇 달에서 몇십 년까지 어두운 곳에서 숙성시킨다. 이 독특한 차에 산화를 촉진하며 인체에 이로운 그 지역 고유의 미생물이 투입된다는 견해도 있다. 보이차가 동굴에서 숙성되는 동안 건강에 유익한 프리바이오틱<u>대장 속 미생물의 생육과 활성을 촉진하여 숙주의 건강에 유익한 식품 성분.</u>과 활생균을 흡수한다는 것이다.

　전 세계의 수집가들 때문에, 오래된 보이차 병차餠茶의 가격은 주기적으로 어떤 해엔 치솟다가 다음해에는 뚝 떨어진다. 커피나 석유를 비롯

보이차

한 다른 원자재와 마찬가지다. 보이차의 맛은 확실히 익숙해지려면 시간이 필요하며, 숙성된 블루치즈처럼 곰팡이나 이끼 향 같은 느낌이 있다. 보이차는 노련하고 유명한 판매자에게서 구입하는 것이 좋다. 인위적으로 숙성시킨 가짜 보이차가 차 시장에 무척 흔하기 때문이다. 일부 건강업계 종사자들은 체중 관리와 콜레스테롤 제어를 위해 보이차를 추천하며, 이 같은 잠재적 건강 증진 효과를 뒷받침하는 (아직 한정적이지만 충분히 희망적인) 과학적 증거들도 존재한다.

블렌딩

티 테이스터들은 특정 다원에서, 혹은 수입업자와 협동하여, 혹은 특정 브랜드를 위해 일할 수 있다. 그들은 최대한 일관된 향미 프로필을 지닌 차를 만들려고 노력한다. 이런 일관성을 갖추려면, 차를 판매자나 브랜드로 전달하기에 앞서 노련한 블렌딩을 통해 (종종 도매업자가 설정한) 특정 기준에 맞춰야 한다. 블렌딩은 소비자들이 기대하는 일관성을 충족시켜줄 뿐만 아니라, 소량이라 대량생산 시장에 유통되기 어려우며 고가로 팔리는 단일 원산지 차보다 한결 저렴한 차 제품을 만들어준다. 일부 차 생산자는 단일 원산지 녹차보다도 오히려 다양한 홍차와 우롱차 블렌드로 유명하다.

단일 원산지 차

블렌딩 없이 가공되는 특정 재배종 차들은 흔히 '단일 원산지' 차로 불린다. 이런 차는 수렴성, 복합적인 맛, 특별한 향, 심지어 L-테아닌 등의 영양분 함량 같은 다양하고 독특한 특성으로 호평을 받으며 해당 다원 고유의 전통적 방식으로 가공된다. 이렇듯 고유한 재배종과 독특한 가공 방식의 결합으로 단일 원산지 차는 유통업자와 소비자에게 높은 평가를 받는다. 단일 원산지 차에는 각각의 차만이 지닌 특별한 감각적 특성이 있다.

블렌드 티

블렌딩과 가향을 한 차들은 차 시장에서 흔히 접할 수 있다. 전 세계 대부분의 차는 블렌드 티로 가공된다. 품격 있는 차를 만들어내는 블렌딩과 가향은 수십 년의 경험과 끝없는 실험을 요구하는 고도의 기술이다.

티 블렌딩

티 블렌더는 계열별로 다양한 차들을 시음한 끝에 특정한
하나의 블렌드를 만들어낸다. 그런 다음 해당 블렌드에
사용된 차들의 이상적 비율을 제시하고, 뚜껑을 덮은
찻주전자를 이용하여 선호도를 표시한다.

누구나 자기만의 블렌드 티를 만들 수 있지만, 노련한 티 블렌더는 숙달된 조향사나 와인 생산자처럼 서로 다른 요소들을 배합하여 조화롭고 기분 좋은 음료를 만들어낸다.

블렌드 티에는 두 종류가 있다. 첫 번째 종류는 주로 홍차나 녹차를 이용한 대량생산 블렌드로, 차 전문가들이 티백이나 때로는 찻잎 형태로 만든다. 이것을 모르면 블렌드 티가 하나의 특정한 차 종류로 만들어진다고 생각하기 쉽지만, 사실 우리가 일상적으로 마시는 차는 여러 지역, 때로는 여러 국가에서 생산된 차 몇 가지를 섞어서 만들었을 확률이 높다. 예를 들어 하나의 블렌드 티에 케냐와 남미와 중국에서 온 찻잎이 섞여 있기도 한다. 이런 블렌딩은 향과 맛, 색 등 차의 특성이 조화로울 수 있도록 세심하게 이루어진다.

티 블렌더는 차 후보군을 각각 평가한 다음, 최종 블렌드에 가장 어울리리라 느껴지는 차들을 골라 섞는다. 최종 블렌드가 완성되기까지 몇 시간에서 며칠, 몇 주까지도 걸릴 수 있다. 선택된 '마스터 추천 블렌드'의 대용량 샘플은 이후로도 차를 블렌딩할 때 참고하여 일관성을 유지할 수 있도록 잘 보관된다.

두 번째 종류는 꾸준히 수요가 있는 브렉퍼스트 블렌드다. 아이리시, 잉글리시, 스코티시 브렉퍼스트 등의 블렌드 티는 하나나 여러 종류의 찻잎을 바탕으로 가향이나 방향을 하여 만든다. 일부 차는 가향과 방향 과정을 모두 거치기도 한다.

북미에서는 꽃을 넣은 가향차들이 유난히 인기를 누린다. 일부 차 전문가들은 찻잎에 뭔가를 첨가한다는 생각에 대해 콧방귀를 뀐다. 마치 와인 소믈리에가 상그리아나 블렌드 와인을 업신여기듯이. 그래도 대부분의 사람들은 가향차를 좋아한다.

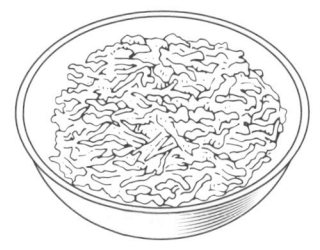

바닐라빈과 레몬밤

가향차flavoured teas

블렌드 티를 만드는 배합사 혹은 블렌더들은 어떤 단일 종류의(혹은 여러 종류를 섞은) 찻잎이 다양한 향미의 배합을 가장 잘 담아낼 것인지에 따라 차의 바탕을 정한다. 차에 섞는 가향 성분 혹은 에센스는 향신료, 허브, 과일 같은 천연 재료에서 추출하거나 이런 천연향과 비슷하게 화학적으로 합성한 것이다. 미국에서는 천연 재료에서 추출하고 화학적 인공 성분이 전혀 포함되지 않은 경우 '천연향', 그 외에는 '인공향' 이렇게 두 가지로만 분류한다. 반면 유럽에서는 '천연향'은 동일하지만 인공적 합성향의 경우 '천연향과 일치하는' 것으로 분류되기도 한다.

　세계에서 가장 인기 있는 가향차는 얼그레이다. 이 명칭은 1830년대 영국 수상 얼 그레이 경에게서 따왔다. 강한 홍차 블렌드에 감귤류의 일종인 베르가모트 추출물을 가향하여 만든다. 가향차에는 종종 향 성분 말고도 칼렌듈라, 히비스커스, 매리골드 등 말린 꽃이 장식용으로 들어간다. 말린 과일이나 견과류 조각이 들어가기도 한다. 이런 장식용 재료들은 향미에 거의 영향을 주지 않으며 순전히 미적 효과를 위한 것이다. 바닐라향 홍차에는 천연 혹은 합성 바닐라향과 함께 미세한 바닐라빈 조각이 들어가는 식이다. 일부 가향차에는 주요 가향 외에도, 그 아래 깔려 향을 더욱 강조해주지만 코로 맡아 구별하긴 어려운 다른 향들이 들어간다. 가향차는 보통 뜨겁게 마시지만 아이스티로도 어울린다.

방향차scented teas

방향차는 종종 가향차와 혼동된다. 바탕이 되는 차 이외의 향미가 추가되었다는 점은 같지만, 엄밀히 말해 방향차의 향미는 과일이나 향신료가 아닌 방향성 식물로부터 얻은 것이다. 방향성 식물을 일정 기간 차와 섞어두면 휘발성 아로마 오일이 찻잎에 배어 은은한 향이 옮는다.

　세계적으로 가장 유명한 방향차는 재스민 차로, 녹차(때로는 우롱차) 잎에 갓 딴 혹은 말린 재스민 꽃잎 향을 배게 한 것이다. 또 다른 인기 방향차로는 국화차, 목련차, 계화차, 장미꽃차 등이 있다.

　재스민 차를 처음 만들어낸 중국에서는 봄에 녹차 잎을 수확한 다음 재스민 꽃이 만발하여 딸 수 있게 되는 8월까지 보관해둔다. 활짝 핀 재스민 꽃은 무척 짙고 향긋한 향을 발산한다. 재스민 꽃과 녹차를 켜켜이 쌓아서 몇 시간을 그대로 두는데, 복잡하고 고되며 공이 많이 드는 공정이다. 중국 전통의 은호銀毫 재스민 차는 이런 식으로 만들어지지만, 싸구려 위조품은 질 낮은 녹차 잎에 인공 재스민 향을 분무하여 만든다. 완성된 재스민 차에 장식 효과를 위해 예쁘고 하얀 재스민 꽃을 말려 섞

재스민 차

기도 하는데, 장미를 비롯한 다른 꽃 방향차에서도 종종 비슷한 경우를 볼 수 있다.

훈연차

훈연차의 탄생에 대해서는 많은 실화와 전설이 전해 내려온다. 어떤 이야기에 따르면 훈연차는 순전히 우연의 산물로, 비단길을 따라 말에 실어나르던 홍차가 밤중에 모닥불 연기를 쐬여 만들어졌다고 한다. 다른 이야기에 따르면 19세기 초 중국의 차 가공업자가 모닥불 위에 시렁을 걸어 찻잎을 빠르게 건조하고 열처리하려다가 만들어낸 것으로, 토착민들은 관심을 보이지 않았지만 유럽인과 러시아인들은 그 훈연향을 무척 마음에 들어 했다는 것이다. 이런 종류의 차로는 랍상소우총이 제일 유명한데, 초보자가 그 향미에 익숙해지려면 다소 시간이 걸릴 수 있다.

랍상소우총

차의 시음

노련한 티 테이스터는 차를 우려 시음할 때 맛만큼이나 향미도 중요하게 여긴다. 차를 우려내면 특정한 아로마 성분을 이루는 여러 오일과 화합물이 물에 녹는다. 이런 휘발성 오일의 일부는 공기 중으로 날아가는데, 티 테이스터는 그 냄새를 맡는 것으로 차의 향미 프로필 파악을 시작한다.

   이런 오일과 복합적인 생화학 에센스의 일부는 차가 우러나면서 빠르게 증발해버린다. 그렇기 때문에 다 우러난 차의 향기뿐만이 아니라 차를 우려내는 동안의 향도 중요하다. 나머지 오일과 에센스는 불안정한 상태로 남아 차를 마시는 경험의 일부가 된다. 혀를 지나 비강을 따라 뇌로 침투하여, 오랜 시간 다양한 차를 마시면서 확장되는 개인의 후각적 기억 창고에 보관되는 것이다. 티 테이스터는 우러난 차의 향기가 맛만큼이나 차의 정체와 품질을 파악하는 데 중요하다고 단언할 것이다. '맡아보면 안다'는 말은 차향茶香 평가의 세계에서 흔히 쓰이는 표현이다.

말린 찻잎의 질감

찻물의 향과 맛, 나아가 마실 때 입안에 느껴지는 촉감(식품업계에서는 '식감'이라는 용어로 표현한다)은 차의 감각적 평가에서 중요한 점들이다. 말린 찻잎을 쥐고 만져보는 것 또한 품질 확인에 중요하다. 말린 찻잎은 아주 유연하여 손바닥에 놓고 가볍게 문질러도 쉽게 부서지지 않아야 하고, 어찌 보면 나긋하면서 질긴 느낌까지 주어야 한다. 찻잎이 쉽게 부서지거나 가루가 나온다면 제대로 말리지 않았거나 오래된 것일 확률이 높다.

아로마 서술어

티 테이스터들이 시음용 차의 특정한 향을 서술하는 주요 용어들을 살펴보자.

향기로운 향과 냄새가 풍부한.

부케 들이마셨을 때 한 가지 이상의 냄새가 느껴지는 다채로운 향.

탄, 눌은 타거나 눌어붙은 섬유질을 연상시키는 잡내가 풍기는. 주된 원인은 찻잎의 수확 후처리 과정에서 가열과 습기의 과도한 제거이다.

복합적인 차에서 은은한 첫 향과 깊은 바탕 향을 비롯해 좋은 냄새가 풍부하게 느껴지는.

꽃향 입안과 비강에 느껴지는 갓 딴 꽃 같은 향.

산뜻한 전반적으로 산뜻한 향이 느껴지는. 때로는 놀랍도록 미묘한 경우도 있다.

과일향 천도복숭아나 복숭아, 배, 자두 같은 핵과류 과일에 빗대어 약산화 우롱차의 향을 표현할 때 흔히 쓰인다.

풀향 잔디 같은 풋풋한 냄새. 녹차의 품질을 칭찬할 때 쓰는 표현이다.

건초 냄새 차가 가공이나 보관 과정에서 변질되었음을 암시하는 부정적인 표현이다.

아찔한 향이 풍부하고 자극적이고 복합적이며 온갖 후각적 기억을 불러
일으키는.

훈연향 랍상소우총 같은 나무향 계열 차는 거의 송진에 가까운 냄새가
나기도 한다. 하지만 다른 차의 경우 희미한 연기 냄새는 보통 찻잎의
건조와 열처리 과정에 문제가 있었음을 의미한다.

쌉쌀한 향신료 같은 강렬한 향은 은은한 정도를 넘어선 안 되며, 홍차나
녹차보다도 우롱차에서 흔히 나타난다. 쌉쌀한 향이 너무 짙은 경우 차
를 부적절하게 보관하여 다른 냄새에 오염된 것일 수 있다.

식물성 차를 우렸을 때 풀이나 막 깎은 잔디 향이 느껴지는 경우. 너무
과한 경우를 제외하면 녹차의 향을 표현하는 데 적합하다.

나무향, 흙냄새 젖은 나무나 흙과 연관된 자연 물질을 연상시키는 향. 보
이차처럼 숙성을 거치는 차에서도 이런 향이 난다. 하지만 홍차의 경우
이런 향은 차가 오래되었거나 가공이나 보관 중에 오염되었다는 뜻일
수 있다.

찻물에 대한 서술어

티 테이스터들이 시음용 차의 특성을 서술하는 주요 용어들을 살펴보자.

수렴성 질 좋은 차에 함유된 여러 오일과 타닌 성분은 향미에 짜릿한 느낌을 더해준다. 하지만 수렴성이 너무 강하거나 쓴맛이 난다면 질이 낮은 차일 수 있다. 수렴성과 은은함이 이루는 균형이 차의 이상적인 특성인데 이를 '근성' '견고함' 혹은 '바디'라고도 일컫는다.

바디 찻물을 입에 머금었을 때 함유된 가용성 고형물이 주는 촉각적 무게감과 점도. 식감의 상대적인 수치를 바디가 가볍다, 보통이다, 무겁다 혹은 묵직하다는 식으로 표현한다. 바디가 너무 가볍다고 하면 차가 묽다는, 바디가 너무 무겁다고 하면 지나치게 뻑뻑하고 진하다는 뜻이다.

생생한 '밋밋한'의 반대말. 차가 생생하다고 하면 단순히 톡 쏜다기보다는 식감이 또렷하다는 의미이다. 주로 홍차에 쓰이는 말로, 생생하고 좋은 홍차는 강렬하면서도 균형 잡힌 향미로 감각을 일깨운다.

복잡한 세계적으로 유명한 고급 차의 일부는 향과 맛 양쪽에서 기분 좋은 복잡성을 드러낸다. 이 경우 복잡하다는 말은 향미들이 형언하기 어려울 만큼 조화롭게 어우러졌음을 의미한다.

뒷맛 입안에 마지막으로 남는 감각적 인상.

밋밋한 생생함이 없다는 뜻으로, 대체로 홍차에 사용된다. 너무 오래된 찻잎에서 이런 특성이 나타날 수 있다.

산뜻한 풋풋함이나 경쾌함이 느껴지는. 흔히 가공된 지 얼마 안 지났거나 산도가 비교적 높은 차를 가리킨다.

바디가 묵직한 향미가 강하고 풍부한 찻물의 식감. 대체로 기분 좋게 진하고 적당히 생생하면서도 떫지 않고 뒷맛이 깔끔한 홍차나 우롱차를 가리킨다.

고산 재배 고도가 높은 지역에서 재배된 차로, 종종 낮은 지역에서 재배된 차보다 복잡하고 절묘한 향미가 있다.

고소한 강한 홍차, 특히 인도나 스리랑카 일부 지역에서 생산되는 아삼 고유의 은은한 달콤함과 갓 수확한 곡식 같은 구수함이 결합된 풍미.

머스캣 포도 같은 고급 다르질링의 향과 맛을 표현할 때만 사용된다. 은은한 과일향과 다르질링의 전형적인 상큼함, 잘 익은 머스캣 포도 같은 뒷맛으로 특정된다.

톡 쏘는 기분 좋은 정도의 수렴성이 느껴지되 떫거나 불쾌한 식감이 없는.

맛이 얕은 첫맛은 좋지만 뒷맛이 약한. 부정적인 특성으로 쓰인다.

달콤한 강한 홍차나 우롱차에서 느껴지며 수렴성과 톡 쏘는 맛을 상쇄해주는 절묘한 단맛을 가리킨다.

타닌이 느껴지는 훈훈하고 기분 좋은 향미와 적당한 수렴성의 균형 잡힌 차를 가리킨다.

맹맹한 묽고 약하여 개성이 전혀 느껴지지 않는 차를 가리킨다.

묽은 차의 맛이 따뜻한 맹물과 별로 다르지 않은 경우를 말한다. 찻잎이 너무 오래되어 휘발성 오일과 향미 화합물이 전부 빠져나간 것일 수 있다. 이 경우 찻물 색이 곱고 향도 살짝 느껴질 수 있지만 맛은 전혀 나지 않는다.

차의 용어

차의 기본 용어를 배우는 것은 간단하지만, 처음에는 다소 부담스럽게 여겨질 수 있다. 인간의 언어와 방언이 국가와 지역별로 다양한 것처럼 차 용어들도 일률적이진 않다. 하지만 전 세계의 티 테이스터들은 서로 거래가 용이하도록 유사한 용어를 사용하며, 세계 어디서나 전문 테이스터 사이에서 '찻물'로 통하는 우러난 차를 설명할 때는 더욱 그렇다.

'벌크bulk'라고도 불리는 말린 찻잎은 정식 분류명의 머리글자만 쓰는 경우가 많으며, 차의 두 가지 주된 종류인 홍차와 녹차의 분류명을 정하는 방식도 각기 다르다. 하지만 홍차는 업계에서 녹차와 우롱차를 설명할 때 쓰는 용어를 일부 그대로 사용하기도 한다.

머리글자 방식은 인도와 아프리카, 스리랑카에서 많이 쓰인다. 반면 중국을 비롯한 대부분의 다른 차 생산지에서는 지역 고유의 명칭을 선호한다. OP, BOP, BOPF 등의 머리글자는 찻잎의 크기와 형태만을 가리키며 향과 맛, 색 같은 찻잎의 질과는 연관이 없을 수 있다. 어느 유명한 차 수입업자의 말에 따르면 '글자 수가 많을수록 대체로 차의 질과 가격도 높아진다'. 예를 들어 TGFOP 즉 티피 골든 플라워리 오렌지 페코는 매우 고급 차이며, BOPF 즉 브로큰 오렌지 페코 패닝은 상당히 질 좋은 차이고, PF 즉 페코 패닝은 다소 질이 낮은 편이다.

차 업계에서 사용되는 머리글자는 이 밖에도 많다. 소비자에게는 다소 어려울 수 있지만, 여러 면에서 점점 까다로워져가는 중간 상인들 사이의 의사소통에서 쓰이는 용어들이다. 이런 핵심 머리글자들을 알아두면 박식한 차 판매자와 직접 소통할 때 도움이 될 뿐만 아니라 제품 상표에 표기된 내용도 훨씬 명확하게 이해할 수 있다.

이파리가 온전한whole 건조 홍차

<u>오렌지 페코(Orange Pekoe, OP)</u> 길쭉하며 종종 가늘고 뻣뻣한 찻잎으로, 대체로 작은 찻잎보다 질이 좋다. 오렌지 페코라는 이름의 '오렌지'는 옛 네덜란드의 차 거래소를 기념하기 위한 것이다. 티 포트나 인퓨저 어느 쪽을 사용하든 잘 우러나며 고급 티백에 쓰이기도 한다.

<u>페코(Pekoe, P)</u> 중간 크기 찻잎으로 그대로 판매되거나 때로 티백에 쓰이기도 한다.

<u>소우총(Souchong)</u> 차나무 아래쪽에서 따낸 널찍하고 둥글고 길쭉한 찻잎. 중국차에 많이 쓰인다.

<u>플라워리(flowery)</u> 연한 어린잎과 새순 중에서도 최상급을 가리킨다. 차나무의 꽃과는 아무 상관이 없다.

<u>티피</u> 첫물차 중에서도 가지의 가장 끝에 달린 새순으로 금적색이 감돌며 차 전문가들이 특히 좋아하는 종류이다.

<u>골든</u> 새로 솟아나온 어린잎의 색을 가리킨다.

분쇄broken 건조 홍차

<u>브로큰 오렌지 페코(Broken Orange Pekoe, BOP)</u> 잘게 부서진 찻잎('브로큰 broken'으로도 불린다)으로 주로 티백이나 브렉퍼스트 블렌드 티에 사용된다. 어린잎도 일부 들어갈 수 있으며, 전 세계에서 여러 블렌드 티의

바탕으로 쓰인다.

패닝(Fannings, F) 직경 1밀리미터 정도로 BOP보다 잘게 부서진 찻잎. 티백에만 사용된다. 브로큰 오렌지 페코 패닝BOPF이라고 불리기도 한다.

더스트(Dust, D) 가장 자잘하게 부서진 찻잎. 저급 티백이나 액상 차 제품에만 사용된다.

건조 녹차

녹차에는 대체로 홍차와 판이하게 다른 용어들이 쓰인다. 이런 용어들은 찻잎의 크기뿐만 아니라 가공 과정에서 사용된 가열 방식도 가리킨다. 중국과 일본에서 녹차는 흔히 덖음차(솥에서 덖은 찻잎)와 증제차(바구니에 넣고 수증기로 찐 찻잎) 두 가지로 구분된다.

중국산 녹차의 대다수는 산이나 샘물, 성스러운 강에서 이름을 따온다. 용정차나 벽라춘이 그 예다. 녹차 잎을 서술하는 세계적 공통 용어는 아직 기본 정리조차 되어 있지 않아서 홍차에 비해 소통과 이해가 더 어렵다. 하지만 중국식 명칭이 다소 제멋대로이긴 해도 수천 년에 걸친 이 나라 차의 역사와 오랜 전설들을 느끼게 해준다. 중국과 대만에는 이처럼 독특한 차 이름이 수백, 수천 가지나 된다.

진미(珍眉) 다소 질기고 꼬인 찻잎.

주차(珠茶, gunpowder) 조그맣게 똘똘 뭉쳐진 찻잎 덩어리.

희춘(熙春, hyson) 다소 크고 거칠며 온전한 찻잎.

수미(壽眉) 작고 꼬인 찻잎으로, 홍차로는 브로큰과 비슷한 등급이다.

미차(眉茶, young hyson) 길고 가늘며 빳빳하게 꼬인 어린 찻잎.

차 일반 용어

찻물(brew/infusion/liquor) 찻잎을 물에 넣고 우릴 때부터 찻잎을 건져낸 이후까지의 액체를 가리킨다.

시음(cupping) 샘플 티를 우리고 냄새 맡고 맛보고 분석함으로써 차를 평가하는 관습.

허브티 허브, 향신료, 꽃, 과일 등 차나무의 잎을 제외한 식물성 재료들을 배합하여 만든 차. 허브티herb tea에는 차tea가 들어 있지 않지만, 이 말은 최근 수십 년간 상용어로 자리 잡았다.

샘플 티 시음이나 평가를 위해 제공되는 소량의 다양한 차. 업계 용어지만 판매자가 손님과 소통할 때도 종종 사용된다.

원산지 특정한 종류의 차가 재배되고 가공되는 지리적 영역.

스페셜티 차 길쭉한 찻잎이나 유기농 차, 단일 원산지 차, 천연 재료로 가향한 차 등 여러 품종과 유형의 고급 차를 가리키는 용어. 주머니 형태의 고급 티백도 포함된다.

4장

차의 구입과 보관

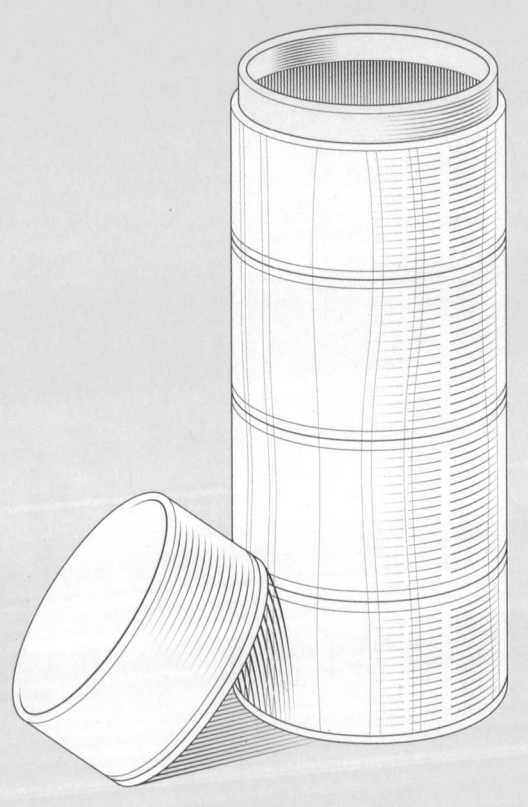

차의 구입

이제 기본적인 차의 종류에 대해 알았으니 다음 단계는 취향에 맞는 차를 고르는 것이다. 차 상점에 가면 수십에서 수백 가지의 차가 있으며, 인터넷으로 구매할 경우 선택지는 더욱 늘어난다. 하지만 특정한 와인이나 양념, 식용유를 찾을 때와 마찬가지로, 이 모험의 묘미는 선택하는 과정 자체에 있다.

　차를 구입하는 것은 놀라운 경험이다. 온라인 웹사이트부터 재래식 소매상까지 전 세계에 수없이 많은 차 판매자들이 존재한다. 가능하면 유명한 차 상점을 방문해 차를 사도록 한다. 마음에 드는 차를 결정하기 전에 직접 눈으로 보고 만지고 냄새 맡아볼 수 있기 때문이다. 차를 구입하기 전에 시음하게 해주는 상점도 있다. 전문 지식을 가진 판매자와 의논하여 자신이 원하는 종류의 차를 찾도록 한다.

　인터넷으로 차를 살 때는 선택이 훨씬 까다로워진다. 구입하기 전에 직접 냄새 맡고 만지고 맛보는 것이 불가능하기 때문이다. 하지만 상점을 방문하든 인터넷으로 구매하든 시간이 지남에 따라 취향이 확실해지면 한결 쉬워진다. 또 다른 문제는 구입 가능 여부다. 마음에 드는 차의 재고가 없는 경우도 이따금 생길 것이다. 차의 향미가 매번 미묘하게 달라진다는 점도(재배 기간의 기상 변화, 가공 과정 등 다양한 요소에 영향을 받는다) 개인의 차 구입과 관리를 복잡하게 만드는 요소다. 마음에 드는 차를 확실히 파악하고 만족스러운 판매자를 찾아낼 때까지는 소량씩 구입하도록 한다.

티타임 일과표

카페인 함량 문제만 차치하면 차는 종류와 상관없이 하루 중 언제든 즐길 수 있다. 하지만 몇몇 차는 낮이나 밤의 특정 시간대에 가장 어울리는 것처럼 느껴진다.

아침 아삼이나 실론, 중국산 등 강한 맛의 단일 원산지 홍차는 하루를 좀 더 가뿐하게 맞이하도록 해준다. 잉글리시 브렉퍼스트나 아이리시 브렉퍼스트도 좋다. 이런 차들은 때로 우유를 아주 약간 넣으면 더 맛있어진다.

점심/이른 오후 센 차, 재스민, 마차, 황산모봉 등의 은은한 녹차나 아리산, 동방미인 등의 우롱차를 마셔보자. 하루가 지나가는 중간 시간대에 잘 어울린다.

저녁/이른 밤 우롱차나 백호은침, 백모란 등의 백차는 물론 디카페인 차도 저녁식사에 곁들이기 좋다. 푸짐한 식사를 할 경우, 콜레스테롤을 억제하고 기름진 음식으로 거북한 속을 달래준다고 알려진 보이차도 고려해볼 만하다. 과일에 곁들인 백차나 봄에 딴 한정판 첫물차는 특별한 식사 자리를 멋지게 장식해줄 것이다.

차와 커피의 카페인 농도

음료의 종류	음용량	카페인 함량 범위
홍차	237ml	25~60mg
디카페인 홍차	237ml	0~12mg
녹차	237ml	25~50mg
드립 커피	237ml	95~200mg
에스프레소	30ml	47~75mg

취침시간 하루의 마지막 시간에는 대부분의 사람들이 카페인 없는 차를 찾는다. 허브티나 과일차는 카페인이 없을 뿐 아니라 심신 안정 효과도 있다.

차의 선택

보다 효율적인 선택을 위해, 차를 구입할 때마다 몇 가지 중요한 사항을 기억하자.

카페인을 피하고 싶다면 허브티나 디카페인 차를 선택한다(디카페인 차에는 미량의 잔여 카페인이 존재할 수 있다).

묵직하고 강렬한 차로 하루를 시작하고 싶다면 아삼, 실론, 중국산 기문 등 단일 원산지 홍차를 선택한다. 잉글리시 브렉퍼스트나 아이리시 브렉퍼스트 같은 블렌드 홍차를 고를 수도 있다.

연한 홍차나 개성 있는 우롱차를 선호한다면 단일 원산지 홍차인 다르질링이나 좀 더 은은한 실론이나 인도산 닐기리를 선택한다.

녹차의 세계로 뛰어들고 싶지만 무엇부터 시작할지 모르겠다면 적당한 가격대의 일본산 센차(일본에서 가장 흔히 마시는 녹차 종류)나 중국산 황산모봉(중국에서 가장 대중적인 녹차 종류)을 선택하자. 처음에는 반드시 짧게 우려내도록 한다. 레몬그라스, 생강, 페퍼민트 등을 블렌딩한 녹차도 유쾌한 선택지가 될 수 있다.

가향차나 방향차에 관심이 있다면 선물용 차를 찾거나 새로운 차를 시도해보고 싶다면 재스민 차나 패션프루트, 망고, 감귤류 등의 천연향을 입힌 과일 홍차를 선택한다.

차의 향미 바퀴

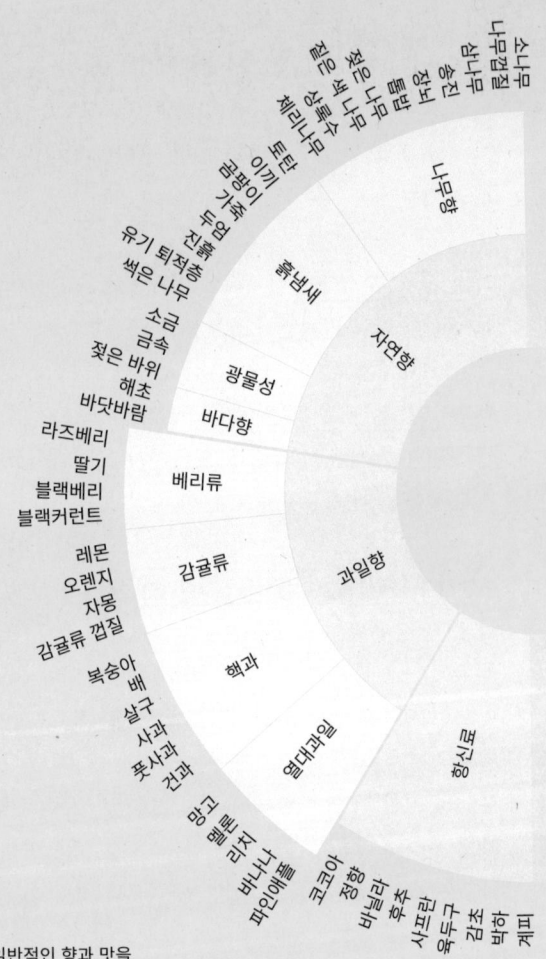

차의 향미 바퀴는 가장 일반적인 향과 맛을
구별하고 특징짓는 데 도움이 된다.* 천천히
맛보고 냄새 맡으면서 감각에 느껴지는 각각의
향과 맛을 바퀴 안쪽의 큰 분류부터 시작해
바깥으로 세분화하며 찾아나간다.

* 허브티는 해당되지 않는다.

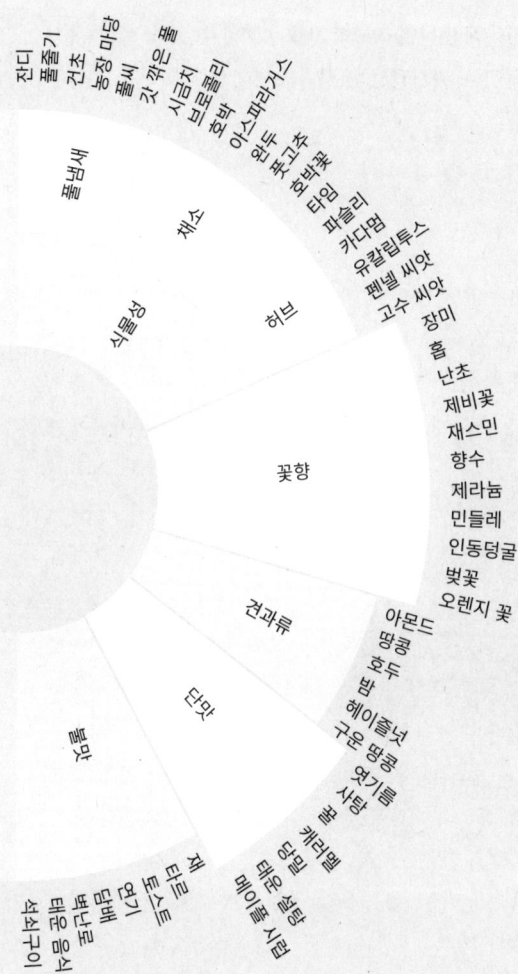

잔디
풀줄기
건초
농장 마당
풀씨
갓 깎은 풀
시금치
브로콜리
호박
아스파라거스
완두
풋고추
향초
타임
파슬리
카다멈
유칼립투스
펜넬 씨앗
고수 씨앗
장미
홉
난초
제비꽃
재스민
향수
제라늄
민들레
인동덩굴
벚꽃
오렌지 꽃
아몬드
땅콩
호두
밤
헤이즐넛
구운 땅콩
연기름
사탕
태운 설탕
캐러멜
메이플 시럽

풀냄새
채소
허브
식물성
꽃향
견과류
단맛
흙맛

재
토스트
연기
담뱃대 담배
탄 성냥
흙냄새의

구입 지침

상식과 몇 가지 지침만 염두에 둔다면 최고의 차를 선택할 수 있다. 품질, 포장 상태, 오염이 요주의 사항이다. 약간의 선행 학습을 통해 눈에 보이지 않는 문제점들을 피할 수 있다.

품질

직접 차 상점을 방문하든 인터넷이나 카탈로그를 보고 차를 구입하든, 판매자의 품질관리는 상품 가치를 보증하는 데 필수적이다. 물론 재래식 소매상에서 직접 차를 산다면 상품의 질을 확인하기가 좀 더 쉽겠지만, 일부 차 판매자들은 다음에 제시할 품질 확인 방법들을 구매자에게 허락하지 않는다. 구매자로서 적극적으로 행동하고, 무료 혹은 저렴한 샘플과 상품 정보 등 최대한 서비스를 제공하는 판매자에게서 차를 구입하도록 하자. 차를 살 수 있는 곳은 차고 넘치니, 불친절한 판매자에게 매달릴 필요는 없다.

차를 판매하는 웹사이트의 경우 판매자의 실제 주소, 적어도 전화번호는 적혀 있어야 한다. 그런 정보가 없는 웹사이트에서 물건을 사면 안 된다. 이메일밖에 소통 수단이 없다는 이유도 있지만, 그런 웹사이트들 상당수는 단순히 주문을 받으면 중개인들에게 넘기고 웹사이트 방문자 수에 따라 수수료만 챙기는 곳이기 때문이다. 그쯤 되면 판매자들이 제대로 품질관리라는 걸 하고 있는지조차 알 수 없다.

차는 우리 몸이 섭취하는 음식물이므로 품질에 주의를 기울일 필요가 있다. 더구나 일부 미심쩍은 차 판매자들은 소량의 품목을 느리게 유통하며 상미 기한을 몇 달 혹은 몇 년씩 넘긴 재고를 계속 보유하기도 한다. 소규모 혹은 신설 웹사이트가 거래를 요청하면 정확한 업체명, 최근 언론에 소개된 기사 자료, 그리고 당신의 주문을 저급품 유통망에 넘기지 않는다는 것을 증명할 수상 경력이나 소속 단체 정보를 요구하자.

스페셜티 차는 '싼 게 비지떡'이라는 오랜 격언이 대체로 들어맞는 품목이지만, 모든 소비재가 그렇듯 차도 특별 할인이나 이벤트, 보상금이 있을 수 있다. 다량 구입할 경우 할인을 기대해도 좋다. 판매처에 따라 그 기준이 100~200그램일 수도 있고 킬로그램 단위일 수도 있다. 고급 와인이나 치즈와 마찬가지로 차도 가격이 반드시 품질과 정비례하진 않는다. 비교적 저렴한 차가 훨씬 비싼 차보다 맛이 좋을 수도 있다. 이는 차를 즐기는 방법을 익히고 새로운 발견을 차 일기에 기록해야 할 또 하나의 이유다.

찻잎

스페셜티 찻잎은 소비자에게 무척 경제적인 상품이라고 할 수 있다. 찻잎 450그램당 차 100~250잔을 만들 수 있으니 티백보다 훨씬 효율적이다. 게다가 길쭉한 형태의 단일 원산지 찻잎 중에는 여러 번 우릴 수 있는 것도 있으니 한 잔당 단가는 더욱 낮아진다. 얼핏 보기엔 너무 비싼 차도 따져보면 한 잔당 단가가 고작 몇백 원일 수 있다! 원두 450그램으로 50잔 이상밖에 만들 수 없는 커피와 비교가 안 되고, 에너지 드링크나 탄산음료는 말할 것도 없다. 차는 수돗물 말고 그 어떤 음료와도 비교가 되지 않는 저렴한 비용으로 건강하고 맛 좋은 일상적 기분 전환을 제공한다.

찻잎(커피 원두) 450그램으로 만들 수 있는 차(커피)의 양

녹차 잎	125~250잔	드립 커피	40~50잔
홍차 잎	100~200잔	에스프레소	60~65잔

미국 차 협회, 티바나(Teavana) 차 회사, 미국 스페셜티 커피 협회 제공

차 상점을 방문할 때는 점원에게 특정한 차를 직접 살펴볼 수 있는지 물어본다. 친절한 가게라면 찻잎이 든 통을 건네주거나 말린 찻잎 약간을 손바닥에 얹어줄 것이다. 우편 주문 판매자라면 샘플을 받아 시음해 보고 마음에 드는지 확인한다. 다양한 변수가 존재하므로 단일 원산지의 특정한 차라 해도 구입할 때마다 똑같을 수는 없음을 명심하자. 차는 자연의 산물이며 날씨와 토양 조건을 비롯한 여러 요소에 따라 주기적으로 감각적 특성이 변하기 마련이다. 때로는 더 나아지기도 하지만, 항상 그렇진 않다.

먼저 말린 찻잎을 꼼꼼히 살펴본다. 모양과 크기가 균일한가(완벽하게는 아니더라도 전반적으로), 아니면 서로 완전히 달라 보일 만큼 제각각인가? 말린 찻잎의 냄새를 맡아본다. 샘플 티가 보통 그렇듯 좋은 냄새가 나는가, 아니면 아무 냄새도 나지 않는가(차가 오래되었다는 의미이니 좋지 않은 신호다)? 악취에도 유의해야 한다. 차는 냄새가 쉽게 배는 물건이며, 냄새가 밸 만큼 허술하게 보관된 차라면 품질 또한 나쁠 것이다. 손 안에서 찻잎을 굴리며 살짝 부숴본다. 찻잎이 유연한가, 아니면 쉽게 부서져 가루가 되는가(이 역시 오래되었다는 의미다)? 말린 찻잎을 손으로 살짝 비비면 오일 성분이 녹아나오는데, 이 냄새를 맡으면 찻잎의 특성을 잘 알아낼 수 있다. 찻잎이 든 통에 얼굴을 들이대지 말고, 통을 살짝 흔들어 공기 중에 퍼지는 향을 맡아본다.

차를 시음해본다. 경험이 풍부한 판매자라면 고객을 위해 기꺼이 차를 끓여줄 것이다. 시음을 허용하지 않는 판매자라 해도 손님이 집에 가져갈 샘플 정도는 줄 것이다. 아주 저렴한 가격으로 샘플을 제공하는 상점도 있다. 값비싼 차라면 취향에 맞는지 확신이 설 때까지는 소량으로 구입하도록 하자.

티백

최근 들어 부피가 큰 티백 디자인의 도입이 차 맛을 한층 향상시켰다. 피라미드형이나 큰 사각형 등 새로운 디자인은 주머니 크기가 더 커서 안에 든 찻잎이 충분히 불어나고 휘발성 오일이 찻물에 더 잘 녹게 된다. 찻잎을 선호하는 사람이라 해도 여행 중이나 직장에서는 티백을 사용하는 쪽이 더 편리하다.

위조품

현재로서는 위조품이 그렇게 큰 문제가 아니지만, 고급 차의 경우 가짜이거나 질 낮은 차를 섞기도 하며 특히 다르질링의 경우 문제가 심각하다. 이런 차에 대한 수요가 공급을 뛰어넘는 해가 있기 마련이며, 차 업계 내부자들은 순수 다르질링 차로 팔리는 상품의 일부에 인도 남부나 더 흔하게는 네팔에서 생산한 싸구려 차가 섞여 있다고 지적해왔다(이런 차들은 다르질링과 무척 유사한 향미 프로필을 지닌다). 심지어 숙련된 전문가라 해도 이렇게 혼합된 상품을 구별해내기란 쉽지 않다. 즐겨마시는 차를 항상 소량씩 갖춰놓으면 매년 품질을 비교하기에 편하다. 차의 맛과 모양, 냄새가 전년과 살짝 다른 것 같다면 판매자에게 그 사실을 알리도록 하자.

특히 보이차는 갈수록 인위적 숙성과 가짜 상표를 비롯한 온갖 위조 행위의 대상이 되고 있다. 진짜 보이차는 전 세계 시장에서 엄청난 고가 상품인데, 수십 년 이상 묵은 병차에 기꺼이 큰돈을 치르려는 수집가들의 요구 때문이다. 비양심적인 판매자들은 보이차 판정을 받은 오래된 병차에 교묘하게 새 차를 채워넣고는 차의 향과 색을 바꾸기 위해 온갖 합성물을 첨가하고 가짜 상표를 붙여 포장하는 방법에 익숙하다. 고

티백의 다양한 형태

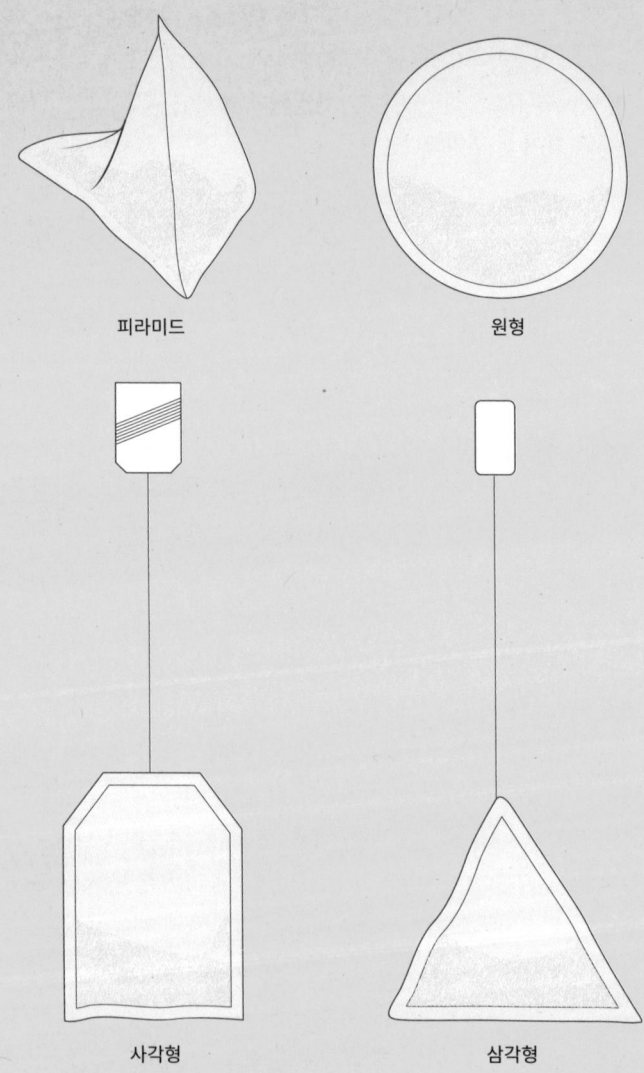

피라미드

원형

사각형

삼각형

가 시계와 패션 명품을 위조하는 것과 같다. 차의 원산지와 생산자, 믿을 만한 소매업자를 잘 모르는 개인이 이런 가짜 보이차를 피하려 해도 딱히 별수가 없다. 모든 차가 그렇듯이, 신망 있는 보이차 판매자와 끈끈한 관계를 맺고 유지하면 위조품 구입을 피할 수 있을 것이다. 보이차를 계속 마셔보는 것도 분간하는 데 도움이 되겠지만, 나날이 증가하는 이 교활한 범죄를 백 퍼센트 확실하게 피할 방법은 없다.

오염물

모든 음식물과 마찬가지로 차 역시 살충제나 제초제 같은 농약을 비롯해 온갖 오염의 위험을 지니고 있다. 중금속과 같이 환경에서 비롯되는 오염도 피할 수 없다. 향상된 품질관리 시스템을 시행하는 다원이나 생산 부지라면 일부 오염물을 줄일 수 있지만 나머지는 그대로 남는다. 차는 전반적으로 안전한 음료라고 할 수 있으나, 청결과 관련해서 몇 가지 주의해야 할 점들이 있다.

청결한 차를 마시는 방법 한 가지는 유기농 인증을 받은 차를 사는 것이다. 이런 차는 살충제나 제초제 등 유독한 합성화학물질을 염려할 필요가 없다(잔여물 정도는 남아 있을 수 있지만). 하지만 구세대 차 전문가들은 흔히 유기농 차의 컵 퀄리티에 대해 콧방귀를 뀐다. 기존 방식으로 재배한 차에 비해 별로 맛이 없다는 것이다. 유감스럽게도 이런 평가는 종종 사실로 드러난다.

살충제

차나무는 전 세계의 여러 다른 농작물과 동일한 해충, 곰팡이 등 병충해에 시달린다. 게다가 차나무에 고유한 몇몇 병충해도 존재한다. 따라서 대부분의 차 재배지에서는 살충제와 제초제, 항진균제가 흔히 사용된다. 그중 상당수가 유독하지만, 기존 재배 방식을 변호하는 사람들은 말린 찻잎이나 우러난 찻물에는 이런 물질들이 거의 남지 않는다고 주장한다.

아직까지 이 문제를 깊이 파헤친 과학 연구가 없기에, 회의적인 소비자들의 주장은 더욱 힘을 얻고 있으며 채소, 과일, 커피와 마찬가지로 유기농 차가 나날이 인기를 누린다. 기존 방식으로 차를 재배하는 농부들에게 이는 직면하기 어려운 문제다. 유독한 화학물질 사용을 피하고 싶지만 유기농 생산방식으로 전환할 방법을 딱히 찾지 못한 농부들은 더욱 그렇다. 일부 소량 생산 차 판매자들은, 세계 곳곳의 소규모 재배농들은 화학물질을 구입할 돈이 없어서 아예 사용하지도 못한다는 논리로 그들의 상품을 홍보하기도 한다. 이 논리는 일부의 경우 사실이지만 항상 들어맞는 건 아니다. 합성화학물질이 함유된 차를 확실하게 피할 방법은 유기농 인증을 받은 차를 구입하는 것뿐이다.

중금속과 병원균

모든 식물은 토양과 지하수로부터 이로운 성분과 유독성분을 동시에 빨아들인다. 알루미늄, 아연, 납 같은 중금속도 이에 포함된다. 심각하게 오염된 지역에서는 빗물에도 유독성분이 존재할 수 있다. 인도 일부 지역과 중국에서 드물지 않게 볼 수 있는 지역 발전소와 자동차 배기가스에서 나온 오염물이 빗물에 용해되면, 차나무는 수분을 공급받는 동시에 유독물질로 샤워를 하게 된다. 이런 유독물질 일부는 차나무가 성장하면서 토양으로부터 흡수되기도 한다.

중국이나 인도 같은 주요 차 생산국에서는 중금속 축적에 따른 장기적 건강 문제가 점점 늘고 있으며, 일부 1급 재배지에는 놀랍도록 집중적인 오염이 나타나고 있다. 하지만 수확한 차에 중금속 테스트를 하는 생산자는 거의 없다. 유기농 차는 보통 독자적인 실험실에서 농약과 중금속 함량을 테스트하며 높은 수치가 나오면 인증을 받지 못한다. 유럽은 세계에서 가장 엄격한 품질관리 기준을 가지고 있다. 따라서 유럽에서 수입한 차는 청결도가 높다고 볼 수 있으며, 유럽에서 수입한 유기농 차라면 청결에 있어서는 전반적으로 가장 뛰어나다.

대장균, 살모넬라, 유해 효모와 곰팡이 같은 병원균은 차에서는 지금까지 세계적으로 별문제가 된 적이 없다. 괜찮은 생산자와 차 브랜드는 규칙적으로 병원균 테스트를 시행하고 있다. 대장균이나 살모넬라가 발견된 차는 시장 진입이 차단되지만, 자칫 실수가 일어날 수도 있다. 효모나 곰팡이 함량이 평균 이상인 차가 때로 시장에서 발견되기도 한다. 이 문제에 관해서는 안전을 위해 충분히 끓인 물을 사용하는 것이 최선의 방법이다.

차의 보관

차를 일상적 음용 및 장기 보존을 위해 최대한 신선하게 보관하는 방법은 무척 간단하다. 몇 가지 단순한 원칙과 절차만 지키면 된다. 향신료나 커피 원두를 비롯한 여러 저장식품에도 흔히 생기는 일이지만, 소비자가 최선을 다해 구한 질 좋은 차가 제대로 보관만 했다면 쉽게 피할 수 있었을 나쁜 결과를 맞는 일이 종종 일어난다. 고급 와인을 개봉하여 공기와 온갖 냄새에 노출시킨 채 몇 날 며칠을 내버려두고서도 처음 개봉했을 때와 똑같이 맛있고 신선하기를 기대하는 사람은 없을 것이다. 차도 마찬가지다. 개봉하여 부엌이나 창고 공기에 노출된 상태로 방치한 차를 우리면서 맛이 좋기를 기대해선 안 된다.

일부 찻잎, 특히 대용량 벌크 찻잎은 재밀봉 가능한 불침투성 포장에 담겨 판매된다. 하지만 얇은 종이봉투를 위쪽에 달린 철사 끈으로 묶는 정도의 포장만 되어 팔리는 차가 더 많다. 차를 이런 봉투에 담긴 채로 놔두고 쓰는 것은 소량이고 단기간이라면 괜찮겠지만, 그렇다 해도 최적의 조건이라고 할 순 없다. 보존하려면 구입한 차를 집에 도착하자마자 적당한 용기에 옮겨 담아야 한다. 차의 맛과 신선한 상태가 얼마나 오래 유지될지는 어떤 용기를 쓰고 어느 장소에 보관하느냐에 달려 있다.

차 보관의 주된 적은 수분과 열, 빛, 냄새다. 수분은 주로 외부의 습기가 침투해 발생하며 그 위험도는 지리적 위치와 절기에 따라 달라진다. 유리, 스테인리스 스틸, 플라스틱, 도자기 재질에 밀폐식 뚜껑이 달린 일반적인 방수 용기라면 충분히 수분을 막을 수 있다. 수분이 차에 한층 더 위협적인 이유는 차가 흡습성이 강해서 공기 중의 수분을 빠르게 빨아들이기 때문이다. 대개 부엌의 습한 공기에는 여러 냄새가 섞여 있기 마련이고, 이 또한 찻잎에 배어들어 차를 우렸을 때 불쾌감을 준다. 특히 랍상소우총처럼 강하게 가향된 차는 굉장히 주의하여 다른 차들과 따로 보관해야 한다. 그런 차 특유의 강렬한 향이 좀 더 향미가 은은한 다른 차들에 스며들 수 있기 때문이다.

열은 차의 핵심적 향미와 영양 성분이 빨리 변질되게 만든다. 대부분의 지역에서 생활에 적당한 실온 정도면 차를 보관하기에 적합하지만, 27도 이상의 온도는 장기 보관에 알맞지 않다. 부엌에서 가장 큰 열의 위험은 오븐이나 가스레인지로부터 비롯된다. 이런 설비들에서 최대한 멀리 떨어진 곳에 차를 보관하자.

태양이나 인공 광원에서 나오는 빛 또한 위험 요소지만, 후자가 훨씬 더 위험하다. 방열 용기와 마찬가지로 빛을 차단해주는 용기도 불투명 유리, 스테인리스 스틸, 플라스틱, 도자기 등 다양한 재질로 나와 있다. 가정에서 냄새의 가장 큰 원천은 부엌이며, 비록 그것이 요리나 향신료, 원두커피 등 기분 좋은 냄새라 해도 차에는 위협적이다. 이 점에 대해서도 밀폐용기가 해결책이다.

찻잎은 상점에서 담아주거나 배송되어온 포장에서 꺼내 적당한 용기에 옮겨 담는다. 보관 용기의 뚜껑은 꼭 들어맞아야 한다. 차가 담긴 봉투째로 티 캐디tea caddy에 집어넣는 사람들도 있다. 향신료나 커피 등 다른 음식과 별도로 찬장에 보관한다면 이런 티 캐디도 좋은 보관 용기가 된다.

차는 절대로 냉장고나 냉동고에 보관해선 안 된다. 저온 상태가 차를 비롯한 건조 저장식품의 신선도를 유지해준다고 여기는 사람들도 있지만, 이런 장점도 냉장고 안의 습기를 고려하면 설득력을 잃는다. 그 안의 음식물들이 풍기는 온갖 냄새는 말할 것도 없다. 수분과 냄새는 둘 중 하나만으로도 차를 망쳐놓을 수 있고, 심지어 차가 밀폐용기에 안전하게 담겨 있는 것처럼 보일 때도 그렇다. 최상급 찻잎만이 철저히 통제된 조건 하에서 특별한 밀봉 포장에 담겨 저온으로 보관된다.

단일 원산지의 무척 희귀한 한정판 찻잎은 알루미늄 호일 포장에 담은 뒤 최대한 산소를 제거하기 위해 질소 충전을 하기도 한다. 차의 신

차 보관 용기

스테인리스 스틸

불투명 유리

플라스틱

도자기

차를 담아두기에 적합한 용기의 재질은 스테인리스 스틸, 불투명 유리,
플라스틱, 도자기다.

선도에 가장 큰 적은 뭐니 뭐니 해도 분해 과정을 촉진하는 주된 요소인 산소이기 때문이다.

질소 충전 호일 포장은 반드시 소분하여 밀봉한 상태로 보관하거나, 통째로 큰 깡통이나 단지에 담아두어야 한다. 이런 호일 포장에 방습제가 들어 있는 경우도 많다. 공기 중의 수분을 흡수하는 방습제는 만에 하나 포장 속에 침투하는 습기를 제거해주며, 신선한 찻잎에서 저절로 발산되는 습기도 잡아준다.

찻잎은 최적의 상태를 지나면 맛이 떨어진다. 향미도 급격히 줄어들며 찻물의 색도 옅어질 것이다. 오래된 찻잎은 또한 잘 부서진다. 이런 현상은 모두 찻잎에 함유된 휘발성 에센셜 오일이 증발한 탓이다. 그렇지만 이처럼 '맛이 간' 찻잎은 풍미가 없긴 해도 위험하진 않다. 보이차나 기문 홍차, 강산화 우롱차 같은 일부 찻잎은 시간이 지나면서 숙성되어 오히려 더 질이 좋아지기도 한다.

차의 상미 기한

티 블렌더나 차 판매자들은 종종 찻잎의 향미가 얼마나 오래 유지되는지 논쟁을 벌인다. 찻잎을 제대로 보관했다는 전제 하에 찻잎의 종류별로 기본 지침을 참고할 수 있다. 공이나 총알 모양으로 똘똘 뭉쳐진 건파우더 녹차는 3년까지도 맛이 그대로다. 일부 중국산 기문 홍차나 아주 단단히 뭉쳐진 우롱차는 질소 충전 호일 포장에 (방습제와 함께) 넣어두면 몇 년이 지나도 대체로 맛을 유지할 수 있다. 보이차는 서늘하고 어두운 공간의 공기 순환이 잘되는 선반에 다른 차들과 따로 보관해야 한다. 전문가들은 보이차를 싼 종이 포장 그대로 보관하되 큰 겉포장에 감싸서 먼지나 다른 냄새로부터 보호하기를 권한다. 다음 표는 제대로 보관된 차의 평균 상미 기한을 정리한 것이다.

차의 평균 상미 기한

	1년	2년	3년	4년	5년

첫물차(우전)

백차

녹차

홍차

우롱차

보이차

5장
꼭 필요한 도구들

차를 끓일 물

차 마시는 경험을 더욱 즐겁게 만들 수 있는 방법은 여러 가지가 있다. 좋은 물을 쓰는 것, 찻잎의 알맞은 사용량을 파악하는 것, 추출 기법을 익히는 것, 첨가물을 고르고 차와 음식의 조합을 정하는 것 등이다. 차 전문가들의 의견에 따르면 좋은 물을 쓰는 것이야말로 훌륭한 차와 평범한 차의 차이를 만든다.

중국에서는 차를 끓일 때 필수적인 재료가 좋은 물이라고 한다. 따라서 다음과 같은 속담도 전해온다. "물은 차의 어머니다." 진정한 차 애호가라면 아무도 이 말에 이견이 없겠지만, 아직도 많은 사람들이 훌륭한 차의 핵심 요소가 물이라는 사실을 잘 모르고 있다.

수돗물은 세계적으로 거의 예외 없이 다량의 염소가 섞여 있다. 지역별 수원水源의 미네랄을 정화하고 균형을 맞추기 위해 사용되기 때문이다. 전문가들은 바로 미네랄이 차의 맛을 떨어뜨리는 주요 원인이라고 생각한다. 차에 풍미를 더하는 미네랄도 있긴 하지만, 수돗물에는 미네랄이 너무 많이 함유되어 있기 십상이고 때로는 납 같은 위험한 중금속이 상당량 포함되기도 한다. 대부분의 가정용 수돗물에는 이처럼 달갑지 않은 물질이 하나 이상 섞여 있기 마련이며, 그로 인해 가정용 혹은 산업용 수돗물로 끓인 차는 맛, 향, 색 등 차의 모든 요소가 손상될 수 있다. 이 같은 사실에도 불구하고 많은 사람들은 그냥 수돗물로 차를 끓여 마시며, 더 좋은 물이 만들 수 있는 놀라운 맛의 차이를 한 번도 경험하지 못한다.

pH 척도

pH 척도는 수소 이온의 활동성 정도를 의미하며 물질의 산성 혹은 염기성 측정 단위로 널리 쓰인다. 범위는 0에서 14까지이고 7은 중성으로, 7 이하는 산성, 7 이상은 염기성을 나타낸다.

순수한 물은 중성이므로 pH 7이지만 수돗물이나 샘물은 대부분 그렇지 않다.[6] pH 척도 7이거나 약산성을 띤(6.5~6.9), 다시 말해 미네랄이 약간 섞인 물로 끓인 차가 가장 맛있다.

일부 차 애호가들은 차를 끓이는 물의 pH 척도를 측정하고 조정하기 위해 엄청난 돈과 시간을 들이기도 하지만, 물의 질을 평가하는 가장 손쉽고 저렴하며 확실한 방법은 수돗물과 병에 담긴 생수로 각각 차 한 주전자를 끓여보는 것이다. 차이가 느껴지지 않는다면 굳이 수돗물 이외의 물을 찾아다니지 않아도 된다.

물에 섞인 염소와 미네랄을 확인하는 가장 좋은 방법은 실험이다. 가게에서 간단히 구입 가능한 테스트 키트를 이용하여 소비자들이 필요로 하는 정보를 바로 알 수 있다. 하지만 수천 년 동안 사람들은 감각에 의존해 물의 질을 확인해왔다. 안 좋은 물에서는 나쁜 냄새가 난다는 단순한 경험 법칙이 그것이다. 집 안의 수돗물이 차에 적합할지 궁금하다면 다른 확인 방법들도 사용하되 스스로의 혀와 코도 활용해보자.

필터로 정수한 물

정수 필터를 쓰면 차를 끓이기에 적합한 좋은 물을 지속적으로 얻을 수 있다. 정수 필터는 어디서든 쉽게 구할 수 있고, 단순한 수도꼭지 부착형부터 정수 기능이 있는 주전자까지 다양한 종류가 있다. 집 안의 수도 전체에 정수 필터를 설치하는 방식도 점점 인기를 끄는 추세다. 이 모든 정수 필터들은 보통 활성탄으로 염소와 일부 미네랄, 그 밖의 오염물을

---

6 The USGS Water Science School. United States Geological Survey.

수도꼭지형 정수기

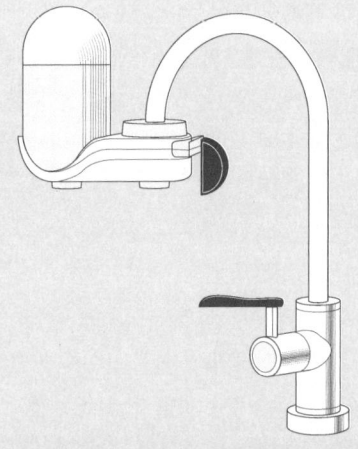

부엌 수도꼭지에 직접 부착해 수돗물을 곧바로 정수할 수 있는
이 장치의 핵심은 교체 가능한 필터 카트리지다.

필터 주전자

이 간단한 장치는 일회용 필터 카트리지를 통해
염소를 비롯한 불필요한 성분들을 걸러낸다.

활성탄으로 걸러내는 일회용 카트리지가 달려 있다. 필터 하나로 수십에서 수백 리터의 물을 정수할 수 있다.

역삼투 방식이나 세라믹 필터, 자외선을 이용한 값비싼 정수 필터도 있다. 이런 정수 필터들은 생물학적 오염물 제거에 매우 효과적이지만 딱히 물의 맛을 향상시키진 않는다. 차를 끓일 물에서 가장 확실히 제거해야 할 성분은 염소이기 때문이다.

수돗물

아침에 수돗물로 차를 끓일 경우, 밤새 수도를 사용하지 않았다면 먼저 수도꼭지를 틀어 몇 분간 물을 흘려보낸다. 이렇게 하면 염소를 비롯해 여러 달갑지 않은 물질의 축적을 피할 수 있다. 매일 아침 냉수 수도꼭지를 틀었다가 쓰되 온수 사용은 피한다. 온수는 보일러 안에 머무르는 동안 공기가 빠져 차의 향과 맛을 떨어뜨릴 수 있기 때문이다. 몇 분간 찬 수돗물을 흘려보낸 다음 주전자에 물을 채운다. 시간과 인내심이 충분하다면 물병이나 다른 용기에 수돗물을 채워 하룻밤 두었다가 사용하자. 이렇게 하면 수돗물의 염소 성분이 대부분 자연히 사라진다.

증류수

증류수는 종종 수돗물보다 위생적이고 안전한 대체물로서 사용된다. 하지만 물을 증류한다고 미네랄이 전부 제거되는 건 아닌데다 오히려 물에 향미를 더해주는 특정한 미네랄이 제거될 수도 있으므로, 차를 끓일 때 증류수는 그리 좋은 선택이 아니다. 증류수로 만든 차는 유난히 향과 맛이 밋밋하며 찻물에 윤기와 광택이 없다. 다른 선택지가 없다면, 대부분의 경우 증류수보다는 수돗물이 차를 끓이기에 더 낫다.

샘물

병에 담겨 판매되는 생수 중 여러 종류가 자연적으로 솟아난 천연 샘물이다. 대도시에 사는 사람이 샘물이 나오는 수도를 찾기는 어렵다. 하지만 시골 가정에서는 지하 저수지나 우물에서 퍼 올린 물을 식수로 쓰기도 한다. 일부 우물물이나 샘물은 미네랄이 너무 많아서 차를 제대로 끓이기 어렵다. 이런 물로 차를 끓이면 분필 같은 맛이 나며 미묘한 향미를 망친다. 하지만 미네랄과 산소가 자연적으로 완벽한 조화를 이루어 차 맛을 훌륭하게 해주는 샘물도 있다. 확인하는 방법은 필터로 정수한 물과 다른 곳에서 가져온 물로 끓인 차를 비교해보는 것뿐이다.

계량 및 측정 도구

차 애호가들은 차 한 잔 혹은 한 주전자를 끓일 때 찻잎을 얼마나 넣어야 하는지 끊임없이 논쟁을 벌인다. 이것을 결정하기 위해 예술과 과학이 총동원되지만, 결국은 개인 취향의 문제이다. 차 전문가들은 물과 찻잎의 적절한 비율에 대한 국제적 기준을 토론하고 제시하지만 현실적으로 이것은 규칙이라기보다 권고사항에 가깝다. 찻잔이나 찻주전자에 차를 얼마나 넣을지 결정하는 방법은 세 가지다. 티스푼을 쓰거나, 눈대중과 손가락에 의지하거나, 소형 저울을 활용하는 것이다.

차의 수렴성과 강도는 찻잎의 사용량에 따라 달라지며, 따라서 최고의 차를 완성하기 위해 시행착오를 거치는 것은 불가피하다. 차와 물의 최적 비율을 발견하더라도 이는 또다시 바뀔 수 있다. 찻잔이나 찻주전자마다 용량이 다를 뿐 아니라, 대부분의 차는 매년 맛과 향이 조금씩 바뀌므로 찻잎의 적정 사용량도 매년 조금씩 달라질 수 있다.

티스푼

일반적으로 요리에 사용되는 계량용 티스푼은 일정한 계량에 적합하다. 하지만 흔히 식탁에서 사용하는 티스푼은 용량이 제각각이다. 이런 티스푼으로 찻잎을 계량하면 1그램이나 그 이상의 차이가 생길 수 있는데, 이는 차 맛이 크게 달라지도록 만들기에 충분한 양이다.

따라서 특정한 차를 한 잔 혹은 한 주전자 끓일 때 적정한 투입량을 티스푼으로 결정하려면 약간의 시행착오를 거치기 마련이다. 일단 투입량을 결정하면 모든 차를 계량할 때 동일한 티스푼을 사용하고, 찻잎을 티스푼에 어떻게 담아야 하는지도 주의하여(우묵하게, 평평하게, 볼록

하게 가득, 수북이 등 정도를 달리하여) 이것을 기준으로 삼도록 하자.

손가락

찻잔에 차를 넣을 때 가장 손쉬운 계량법은 직접 손가락으로 집어보는 것이다. 전 세계의 차 애호가들은 편리함 때문에 손가락을 애용하지만, 차 입문자에게는 이 방식이 다소 어렵게 느껴질 수 있다. 도대체 '한 꼬집'이 얼마지? 몇몇 권위 있는 요리책에서 정의내린 바에 따르면 한 꼬집(엄지와 검지, 때로 중지까지 사용해 집을 수 있는 분량)은 ⅛ 작은술이다. 그런가 하면 ⅛ 작은술을 '줌dash'으로, ¹⁄₁₆ 작은술을 '꼬집'으로 표현한 요리책도 있다.[7]

하지만 차는 소금, 베이킹파우더 등의 가루 재료와 달리 종류와 형태에 따라 양이 크게 달라진다. 크고 온전한 찻잎도, 잘게 부서진 찻잎도, 돌돌 말린 찻잎이나 가루로 된 찻잎도 있다. 일관성을 확보하려면 손가락 계량에서도 티스푼 계량과 같은 원칙을 따라야 한다. 눈과 손가락에 와 닿는 촉각적 피드백을 통해 기준을 정해야 한다. 연습하다보면 한 꼬집으로 적정량의 찻잎을 집을 수 있게 된다. 경험 법칙을 하나 알려주자면, 큰 찻잎은 듬뿍(혹은 여러 번) 집고 자잘하고 고운 찻잎은 조금만 집는다.

저울

찻잎의 적정 투입량은 부피보다 무게로 계량하는 것이 훨씬 정확하다. 마른 찻잎은 형태가 굉장히 다양하기 때문이다. 따라서 찻잎의 적정량

---

7 *A Dictionary of Units of Measurements*. Russ Rowlett, University of North Carolina. 2005.

디지털 저울

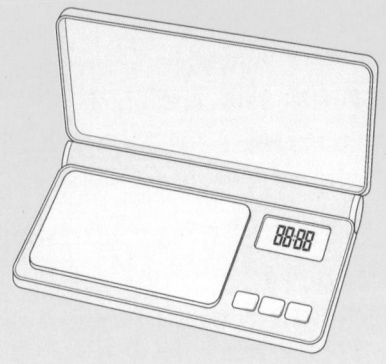

배터리를 넣어 사용하는 휴대용 도구로 차나 향신료 계량에 좋다.
1그램 이하까지 정밀하게 계량한다.

전통적인 기계식 저울

수백 년간 애용된 전형적 저울로 여전히 널리 사용되고 있다.
하지만 효율적으로 사용하려면 어느 정도의 인내와 경험이 필요하다.

을 정하는 가장 좋은 방법은 무게 측정이며 소형 저울을 사용하면 좋다. 가정에서 사용하기에는 0.1그램 단위로 잴 수 있는 휴대용 디지털 저울이 적합하다.

저울은 대체로 전문 티 테이스터들이 즐겨 사용한다. 하지만 가정에서도 때때로 저울을 꺼내 가장 즐겨 사용하는 티스푼에 찻잎이 몇 그램 담기는지, 혹은 가장 좋아하는 차 한 꼬집의 실제 무게가 얼마인지 확인해보면 도움이 된다.

차 한 잔에 넣을 찻잎의 적정량

머그잔 하나의 용량은 180~240밀리리터다. 받침접시가 딸린 전통적 형태의 찻잔은 용량이 더 적어서 120~180밀리리터다. 서양에서 즐기는 대부분의 차는 물 1컵당 찻잎 1작은술(2~3그램)을 넣고 끓이면 적당하다.

동양에서는 길쭉한 찻잎이 더 흔한데, 이런 찻잎은, 물 1컵당 찻잎 3~4그램이 적당하다. 따라서 전통 찻잔에 차를 끓일 때는 머그잔에 끓일 때보다 차의 적정 투입량이 줄어든다.

그보다 작은 찻잎의 경우, 그리고 대부분의 홍차는 물 1컵당 평평하게 담은 1작은술이 적당하다. 반면 길쭉한 찻잎은 좀 더 많이, 즉 볼록하게 가득 담은 1작은술이 알맞다.

재스민 펄, 건파우더 녹차, 일부 우롱차처럼 둥글게 말린 찻잎도 물 1컵당 1작은술이나 그 이하면 충분하다. 이런 찻잎들은 물속에서 풀어져 팽창하면서 맛이 우러나온다.

훈연차나 자잘하고 고운 찻잎, 대부분의 가향차들은 물 2컵당 1작은술이면 충분하다.

차 한 주전자에 넣을 찻잎의 적정량

티 포트의 용량은 다양하지만 일반적으로 960밀리리터 정도다. 그래서 대체로 차 한 주전자를 끓이려면 찻잎을 4~6작은술(8~12그램) 넣어야 한다. 일부 전통적인 중국식 찻주전자는 용량이 150~180밀리리터에 그치며, 어떤 찻잎을 쓰느냐에 따라 투입량도 달라진다.

찻잔이든 찻주전자든, 용량을 세심하게 확인하여 항상 적정량을 투입하도록 주의하자. 이상적인 비율을 찾아내기 위해 물의 양보다는 찻잎의 양을 달리하며 실험해보자. 인퓨저 용량이 크다면 차를 더 적게 넣어도 된다. 공간적 여유가 커서 물과 그 속의 찻잎이 잘 대류할 수 있기 때문이다.

물의 온도

훌륭한 차를 끓이는 과정에서 적당한 물의 온도는 또 하나의 중요한 문제다. 많은 사람들이 고급 찻잎과 화려한 찻주전자를 구입하고 주의 깊게 적정량의 찻잎을 계량하며 차를 끓이기에 적절한 물을 고르지만, 물의 온도에는 그다지 주의를 기울이지 않는다.

찻잎 사용량과 추출 시간은 비교적 주관적으로 결정할 부분이며 핵심적인 지침 몇 가지만 유념하면 된다. 하지만 차의 종류별(홍차, 녹차, 우롱차 등) 물의 적정 온도는 객관적 기준이며 어디서나 동일하게 적용된다. 적당한 온도의 물을 사용해야만 적정량의 향미 화합물, 타닌, 수렴성 폴리페놀(항산화제)과 아미노산이 찻잎에서 녹아나와 이성과 감각을 만족시키는 차 한 잔 혹은 한 주전자가 완성된다.

물을 팔팔 끓이면 그 속의 산소가 대부분 풀려나온다. 산소는 아로마 화합물(대부분 찻잎에 함유된 휘발성 오일)이 기체로 변환되는 것을 도와 맛과 밀접하게 결합된 감각인 향을 끌어내므로, 차를 잘 끓이는 데 핵심적인 역할을 한다.

홍차나 대부분의 우롱차를 우릴 때는 물이 팔팔 끓자마자 즉시 찻잎에 붓는다. 절대로 물이 몇 초 이상 끓게 놔두어선 안 된다. 끓는 상태가 지속되면 증류로 인해 물맛이 없어진다. 너무 오래 끓인 물은 밋밋해지기 쉬우니 피해야 한다.

반면 너무 오래 식힌 물도 차를 우리기에 부적합하다. 하지만 가향이나 방향이 강하게 된 홍차, 녹차, 우롱차는 일반 홍차, 녹차, 우롱차보다 좀 더 식힌 물을 사용하면 차 맛이 더 좋아질 수 있다.

이상적 온도

물의 끓는점은 해수면에서 100도이며 고도가 높아질수록 조금씩 낮아진다. 예를 들어 해발 305미터에서 끓는점은 99도, 610미터에서는 98도이다. 차를 끓일 때 이와 같은 이상적 온도를 잘 맞추도록 하자.

홍차 물이 90~100도, 즉 거의 끓는점에 이르러야 한다. 그러고 나면 즉시 불에서 내려 찻잎에 붓는다. 물이 너무 세게 끓어선 안 된다. 지나치게 끓인 물은 홍차를 우리기에 부적합하다. 반면 물이 너무 식어버려도 진하고 맛이 풍부한 차에 필요한 오일과 그 밖의 성분들이 잘 우러나지 않는다. 몇 분 이상 팔팔 끓인 물이나, 반대로 적정 온도까지 끓지 않은 물을 쓰면 묽고 김빠진 홍차가 된다.

우롱차 이 미묘하고 복잡한 차는 약산화차(진한 녹차와 비슷하다)부터 강산화차(향미가 홍차에 가깝다)까지 폭넓은 범위에 걸쳐 있어 물의 온도를 맞출 때 유연함이 필요하다. 약산화 우롱차에는 82~85도를 넘지 않는 좀 더 식힌 물을 사용하고, 진한 녹차나 홍차에 가까운 우롱차에는 그보다 뜨거운 물을 사용한다.

녹차 녹차를 우릴 때는 끓기 전에 불을 꺼서 몇 분간 식힌 물이 적합하다. 녹차는 아주 높은 수온에 매우 민감하기 때문이다. 너무 뜨거운 물로 녹차를 우리면 쓴맛이 나니 수온을 71~85도로 맞춘다. 일본과 중국의 최고급 첫물차 일부는 심지어 더 낮은 수온인 65~71도로 우려야 맛이 더 좋아진다.

백차 일부 차 전문가들에 따르면 백차를 우릴 때 적당한 물의 온도는 녹

온도계

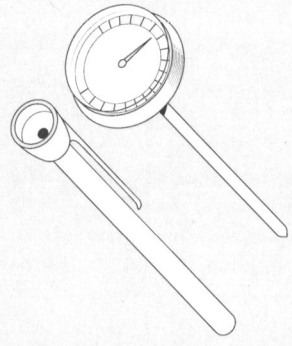

소형 휴대용 온도계는 수온을 재기가 간편하다. 가끔 측정하기만 해도
주전자 안의 물이 이상적 온도에 이르렀는지 확인하는 데 도움이 된다.

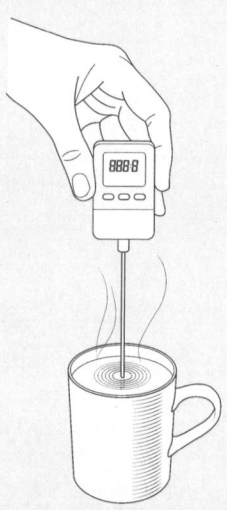

현대식 디지털 온도계는 더욱 편리하다.
온도를 즉시 읽을 수 있기 때문이다.

카페식 전기주전자

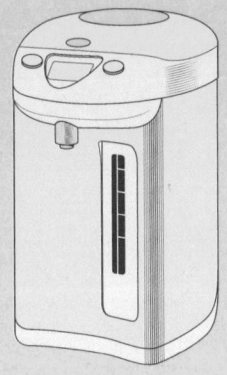

필요할 때마다 온수를 따라 쓸 수 있는 주방용품.
가정이나 직장에서 사용하기에 충분한 용량이며,
재빨리 물을 끓여 개인 잔에 바로 따를 수 있다 (보통 1~2분 소요).

전기주전자

전기주전자는 물을 바로 끓이기 편리하다.
대부분의 제품이 물이 끓는점에 이르거나 다 떨어지면 자동으로 꺼진다.
일부 고급 제품은 다중 온도 설정 기능이 있어 다양한 종류의 차를 끓이기에 좋다.

차와 같다. 하지만 녹차와 달리 백차는 아주 뜨거운 물로 우려도 쓴맛이 나지 않으므로 더 뜨거운 물을 사용해도 무방하다. 수온을 85~93도로 맞추도록 하자.

차 우리기

일단 적정 온도에 이른 물을 찻잎에 부었으면 이제 추출 시간을 잴 차례다. 추출 시간은 차의 종류와 개인 취향에 따라 달라진다. 타이머를 사용하는 것이 가장 좋은 방법이다.

차 소비자가 티백을 우리고 꺼내기까지 적정 시간을 너무 짧게 계산하는 경향이 있다는 건 여러 연구를 통해 거듭 증명된 바 있다. 많은 사람들이 겨우 30~90초 만에 티백을 꺼내는데, 권장 추출 시간은 3~4분이다. 실제로 사람들은 추출 시간을 재기보다 우러난 찻물 색으로 어림짐작하여 찻물이 짙은 색을 띠자마자 바로 찻잎을(티백에 든 것이든 인퓨저에 든 것이든) 꺼내곤 한다. 당연히 차가 덜 우러나면 묽고 맛이 없다. 반면 너무 우러난 차는 쓰고 수렴성이 너무 강하기 쉽다. 타이밍은 차를 제대로 준비하기 위한 핵심 요소다. 차 전문가들조차도 종종 추출 시간을 너무 길게 혹은 너무 짧게 잡곤 한다.

차를 마시다보면 차를 끓일 때 추출 시간의 중요성을 바로 이해하게 될 것이다. 이상적인 1인당 찻잎 투입량에 대한 권고사항과 마찬가지로, 찻잔 혹은 찻주전자 하나당 추출 시간은 일반적 원칙에 따르되 개인 취향도 고려해야 한다. 어떤 연구는 일단 추출 시간이 3분을 넘으면 찻잎의 가용성 물질(향미 화합물)이 최대한도로 우러난다고 보고한다. 3분 이후로는 타닌만 추가로 우러나는데, 이는 차를 더 진하게 만들지만 맛에 있어서 반드시 바람직한 결과를 가져오진 않는다는 것이다. 일반적으로 홍차와 일부 우롱차는 추출 시간을 비교적 길게 잡아야 하지만, 녹차는 절대로 그래선 안 된다.

대체로 중국산 차가 비슷한 종류의 일본산 차보다 좀 더 융통성이 있어서, 오래 우리더라도 쓰거나 수렴성이 강해지지 않는 편이다. 그 이유는 가공하는 과정에서 산화를 중단시키는 방식의 차이에 있다. 중국산 차는 주로 솥이나 오븐에 덖어서 가공한다. 반면 일본산 차는 증기로 찌는 가공법이 더 흔하다. 이런 차이 때문에 각각의 차가 같은 추출 시간에도 다른 반응을 하게 된다. 전반적으로 일본산 차(대부분 녹차)는 다른 지역에서 재배한 녹차보다 짧은 시간 우려야 한다.

추출 시간

홍차 3~6분. 아침식사용으로 찻잎을 우리고 우유를 더해서 마실 경우, 진한 아삼이나 실론을 4~6분까지 우리면 첨가물을 넣어도 차 맛이 묻히지 않을 만큼 뚜렷해진다.

우롱차 3~5분

녹차 1분 30초~3분

백차 4~6분
길쭉한 고급 찻잎을 사용할 경우 두 번이나 세 번 이상 우려낼 수 있다. 찻잎 재사용은 경제적 측면에서 쏠쏠한 이득이 되며, 차의 향도 많이 줄어들지는 않는다. 다만 여러 번 우릴 때는 매번 조금씩 추출 시간을 늘려야 한다. 일반적으로 자잘한 찻잎이나 티백은 추출 시간이 더 짧다.

대류와 추출

찻잎이 최적의 조건에서 뜨거운 물에 잠기면 원래 크기의 두 배에서 다섯 배까지 커진다. 차를 우리는 과정에서 찻잎이 자연스럽게 불어나지

모래시계 타이머

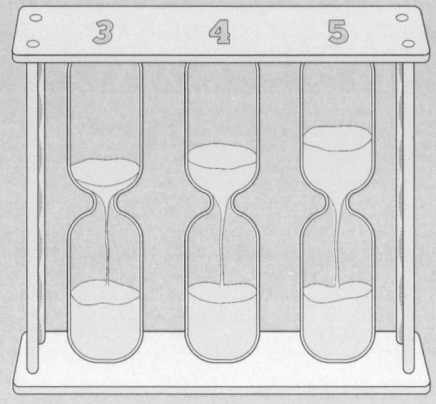

구식이지만 여전히 요긴한 도구로, 이상적 추출을 위한 시각적 참고자료를 제공한다. 이 타이머 세트는 다양한 추출 시간에 적용할 수 있는 각기 다른 용량의 모래시계 세 개가 달려 있다.

디지털 타이머

소형 휴대용 디지털 타이머는 완벽한 추출을 위해 초 단위로 시간을 측정할 수 있다. 차 끓이기 전용 타이머의 경우 일반적으로 선호되는 추출 시간에 맞춰진 원버튼 컨트롤 기능도 있다.

않으면 만족스럽지 않은 결과물이 나온다. 티백이 아니라 찻잎을 쓰는 사람들은 대부분 소형 '티 볼tea ball'이나 '티 에그tea egg'같이 찻잎을 넣어 뜨거운 물에 푹 담글 수 있는 인퓨저를 사용한다. 그러나 이런 인퓨저는 찻잎이 제대로 펼쳐질 만큼 내부 공간이 충분하지 않은 경우가 많다. 이런 도구들을 찻잔이나 찻주전자에 넣었다 뺐다 하면서 우리면 차맛이 나아지긴 하지만, 그래봐야 아주 약간일 뿐이다.

차를 우리는 동안 찻잎이 저절로 일어나는 현상은 '찻잎의 수난the agony of the leaves'라고 불리는데, 이 흥미로운 구경거리는 유리 찻주전자나 머그잔을 쓸 때 더욱 부각된다. 찻잎이 팽창하면서 타닌과 휘발성 오일이 녹아 나오기 때문인데, 이는 차의 개성을 잘 살리려면 필수적인 과정이다. 이 과정에서 찻물의 색 또한 변한다. 이 경이로운 화학반응이 식물의 말린 이파리에 지나지 않던 것을 대단히 다채로우며 역동적이고 원기를 돋우는 액체로 바꿔놓는다. 추출 과정에서 찻잎이 완전히 불어나야 하며, 대류 작용이 이를 거들 수 있다.

대류란 추출 과정에서 찻잎을 의도적으로 움직여주는 것으로, 이를 통해 한결 맛이 좋은 차를 완성할 수 있다. 대부분의 사람들이 차를 우릴 때 이 흥미로운 부분을 간과하곤 한다. 하지만 대류 작용을 통해 차가 더 훌륭해진다는 것은 실험 결과를 통해서도 증명된 사실이다.[8]

전통적으로 찻잎을 찻주전자에 넣어 우려서 분리하고 액체만 별도의 용기 혹은 개인 찻잔에 따라 낸다. 대부분의 경우 뜨거운 물을 부은 후 찻잎이 저절로 펼쳐지며 우러나도록 놔둔다. 물을 붓는 것만으로도 찻잎이 약간 움직이게 되며 그 효과는 항상 긍정적으로 받아들여진다. 어쨌든 수 세기 동안 사람들은 그런 식으로 차를 끓여왔다. 하지만 발전의 여지는 아직도 남아 있다. 현대적인 추출 도구 디자이너들은 차를 우릴

---

8 Unpublished research from ChromaDex, Inc. (Irvine, CA).

싱글 컵 인퓨저

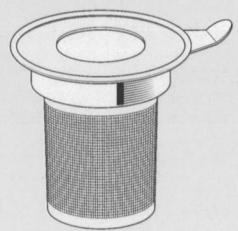

현대식 싱글 컵 인퓨저는 이 같은 형태이다. 탈착식 뚜껑은 차를 동안 덮어두었다가 나중에 뗄 수 있다. 찻잔에서 꺼낸 인퓨저를 뒤집어놓은 뚜껑에 꽂아 받치도록 되어 있어 뒤처리도 깔끔하다.

티 볼

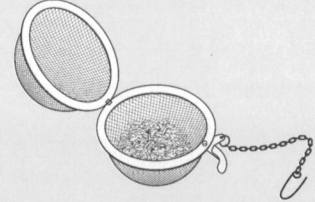

가장 널리 사용되는 인퓨저 유형이다. 사용이 다소 번거로운데다 대개 용량이 작아서 차를 우리는 동안 찻잎이 충분히 불어나지 못한다는 단점이 있다.

티 스트레이너

우아하고 고전적인 모양의 이 티 스트레이너는 티 포트에 우린 차를 잔에 따를 때 요긴하다. 이렇게 차를 우릴 경우 티 포트 안에 찻잎이 불어날 공간이 충분하며 온수의 순환도 원활해진다.

때 자동화되고 조절되는 교반 작용을 통해 대류를 일으키는 첨단 기술 발명품을 선보였다. 찻잎이 우러나는 동안 미세한 진동이 일어나서 찻잎의 유익한 성분이 최대한 물에 녹아 나오는 것이다.

하지만 최신 도구에 의존하지 않고도 비슷한 작용을 일으킬 수 있다. 찻주전자를 사용한다면 찻잎에 뜨거운 물을 붓고 몇 차례 살살 저어준다. 인퓨저가 고정된 찻주전자라면 인퓨저 안쪽을 마찬가지로 살살 저어주고, 인퓨저가 분리 가능한 형태라면 몇 차례 넣었다 뺐다 하거나 빙빙 돌려준다. 찻주전자가 아니라 찻잔에 인퓨저를 사용할 경우에도 차가 우러나기 시작하면 인퓨저를 몇 차례 살살 넣었다 뺐다 한다. 인퓨저는 어떤 종류이든 반드시 찻잎이 완전히 펼쳐질 수 있을 만큼 큰 것이어야 한다. 작고 화려한 찻잔이나 티 포트의 경우, 차를 우리는 동안 작은 숟가락이나 젓가락 하나로 찻잎을 살살 저어준다. 부드러운 동작이 무엇보다도 중요하다. 차를 우리는 과정에 필요한 대류는 힘차고 세찬 움직임과는 거리가 멀다.

중간에 살살 휘저어 찻잎을 움직이는 것만으로 차의 맛이 얼마나 풍부하고 뚜렷해지는지 놀라게 될 것이다. 게다가 추출 시간도 약간 단축된다. 물론 그것은 어디까지나 부수적인 효과이다. 찻잎을 움직이면 차맛이 좋아질 뿐만 아니라 건강에 좋은 폴리페놀, 항산화제, 미네랄이 더많이 녹아 나온다.

'구식' 차 애호가나 전통적 추출 방식을 선호하는 사람들은 찻잎을 우리는 동안 휘저어준다는 발상에 코웃음을 칠지도 모른다. 이런 방식이 그리 오래된 전통은 아니기 때문이다. 하지만 젊은 차 애호가들은 차를 끓이는 경험을 향상시킬 수 있는 모든 새로운 가능성을 찾아다니고 있으며, 약간의 대류 작용이 바로 그런 결과를 가져올 수 있다.

인퓨저 달린 보온병

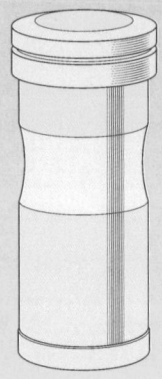

차를 뜨겁게 유지해주는 휴대 용기로, 뚜껑 아래 인퓨저가 달려 있어
외출할 때 차를 우려서 가지고 다니며 마실 수 있다.

인퓨저 달린 텀블러

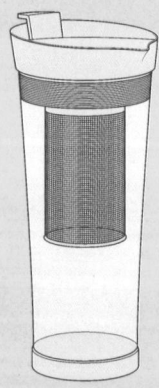

투명 휴대 용기는 외출하는 동안 차를 우려 마시기 편리하지만,
떨어뜨렸을 때 깨지기 쉽다.

첨가물

진지한 차 전문가들의 상당수는 그들이 사랑하는 음료에 찻잎과 물이 아닌 뭔가를 넣는다는 생각만 해도 몸서리친다. 특히 녹차를 제일 즐겨 마시는 동양권에서 더욱 그렇다. 오래전부터 홍차에 여러 첨가물을 넣어온 서양에서는 이런 거부감이 비교적 덜하다. 감미료, 레몬, 우유 등을 홍차에 넣기 시작한 것은 질 낮은 홍차가 종종 너무 떫고 썼기 때문인데, 이런 첨가물들을 넣으면 지나치게 강한 맛이 상쇄되어 차가 좀 더 마실 만해졌다. 홍차에 첨가물을 넣는 습관은 먼저 영국과 유럽의 대부분을 잠식했다. 19세기 말에서 20세기 초에 홍차는 일상적으로 설탕, 크림이나 우유, 때로는 레몬 조각과 함께 차려냈다.

우유와 크림

유제품은 오직 홍차에만 첨가해야 한다는 것은 불변의 원칙이다. 아삼이나 브렉퍼스트 블렌드의 진한 인도산 홍차, 그리고 실론에도 유제품을 첨가할 수 있지만, 중국산 홍차나 우롱차는 (진한 브렉퍼스트 블렌드에 들어간 경우를 제외하고) 좀처럼 유제품과 어울리지 않는다. '차의 샴페인'이라 불리는 다르질링은 홍차이긴 하지만 절대로 우유나 크림을 넣지 않는다.

우유와 크림에 함유된 단백질은 (자연 상태의 찻잎에서 발견되는) 타닌의 일부와 결합하여 차의 쓴 냄새와 수렴성을 줄여준다. 따라서 밀크 티는 더 은은하고 부드러운 맛이 난다. 우유는 물론이거니와 특히 크림은 차의 식감(혀와 입천장에 액체가 닿는 질감을 가리킨다)을 한층 매끄럽게 만들어준다.

대중적 상식과 달리, 과학적 연구 결과에 따르면 차에 우유를 넣을 때는 잔에 우유부터 부은 다음 차를 섞어야 된다. 반대로 뜨거운 차에 우유를 섞으면 우유에 함유된 단백질의 일부가 불활성화되어 차의 수렴성을 줄여주는 효과가 사라질 수도 있다. 어떤 사람들은 우유를 먼저 잔에 부을 경우 적정량보다 더 많이 붓기 십상이라고 주장한다. 그래서 우유를 나중에 섞어야 한다는 것이다. 이런 논쟁은 한 세기 전부터 이어져 왔다. 과학은 '우유 먼저, 차는 나중에' 방식을 뒷받침하지만, 어느 방식을 택하든 상관은 없다. 이는 순전히 개인 취향의 문제다.

설탕

평범한 식탁용 백색 가루 설탕 혹은 각설탕은 종종 홍차(특히 애프터눈 티나 하이 티)에 곁들여 차려진다. 우유와 마찬가지로 설탕도 처음에는 질 낮은 인도와 실론 홍차의 쓴맛을 줄이기 위해 첨가되었지만, 이런 관습은 고급 차를 쉽게 구할 수 있게 된 지금까지도 계속되고 있다. 설탕이 점점 더 싸고 구하기 쉬워진 까닭이다.

설탕은 인도 사람들이 즐겨 마시는 차이의 기본 재료이다. 홍차와 향신료와 설탕을 섞어 만드는 차이는 이제 서양에서도 널리 사랑받고 있다. 모로코의 민트 녹차에도 전통적으로 설탕을 듬뿍 넣는데, 때로는 한 잔에 몇 숟갈씩 들어가기도 한다.

차이로 마시는 경우를 제외하면, 질 좋은 홍차는 원산지와 상관없이 설탕을 넣지 않더라도 충분히 맛이 좋다. 감미료는 차의 진정한 맛을 흐리게 한다. 서양에서도 점점 인기를 끌고 있는 녹차 또한 감미료를 넣지 않는 것이 최선이다. 하지만 녹차든 홍차든 아이스티로 마실 때는, 특히 인스턴트 가공품의 경우 설탕이나 그 밖의 감미료가 기본적으로 들어간다.

감귤류

약간의 레몬즙 또한 차의 오랜 전통에 따른 산물이다. 레몬이나 그 밖의 첨가물은 설탕과 마찬가지로 오래전부터 질 낮은 차의 나쁜 향미를 숨기기 위해 곁들여졌다. 차에 레몬을 넣으면 향미가 크게 바뀌는데 대부분의 경우 좋은 방향은 아니며, 게다가 찻물 고유의 색도 변한다. 우유를 섞은 차에 레몬도 넣으면 우유가 엉기면서 불쾌하고 괴상한 냄새와 함께 차가 뿌옇게 흐려지는 끔찍한 결과를 초래한다. 차에 레몬이나 오렌지를 살짝 넣는 것이 취향이라면 먼저 차를 잔에 따른 다음 조심스럽게 첨가하도록 하자.

흥미롭게도, 세계적으로 가장 인기 있는 가향차인 얼그레이는 감귤류의 일종인 베르가모트 향을 입힌 홍차이다. 매일 얼그레이를 즐기는 전 세계 수백만 명의 사람들에게, 이 차를 완벽하게 만드는 것은 바로 베르가모트 향이다.

꿀

꿀은 세계 어디서나 사랑받는 식재료이며, 오래전부터 홍차는 물론 가끔 녹차에도 감미료로 사용되어왔다. 꿀은 차 맛에 놀랍도록 큰 영향을 끼치는데 그것이 항상 긍정적이진 않다. 꿀은 질 좋은 홍차의 강한 향을 눌러버리기 쉽다. 홍차에 감미료가 필요하다면 그런 효과가 덜한 평범한 백설탕이 낫다. 그래도 반드시 꿀을 써야겠다면, 가장 진한 홍차조차도 압도할 만큼 짙은 꿀은 피하고 그 대신 향과 맛이 은은한 클로버 꿀을 쓰도록 하자.

스테비아

스테비아는 남미와 멕시코에서 많이 자라는 식물로, 단맛이 자당(일반적인 식탁용 설탕)보다 100~250배나 강한 무칼로리 감미료이다. 많은 과학적 연구를 통해 안전성이 충분히 입증되었으며, 주요 브랜드의 무설탕 콜라와 스포츠 음료에 가장 흔히 쓰이는 감미료로 빠르게 자리 잡고 있다. 자연 상태의 스테비아는 설탕과 달리 살짝 풀 냄새 같은 향이 나는데 혹자는 감초향이라고도 말한다. 가루 형태로 정제한 스테비아 추출물은 설탕과 비슷한 맛이 나며, 아스파탐이나 수크랄로스, 사카린 같은 인공 감미료를 둘러싸고 일어났던 논쟁들로부터 지금까지는 완전히 자유로운 천연 감미료이다. 차나 차이에 설탕 대신 사용할 감미료를 찾는 사람들에게 스테비아는 가장 좋은 선택지일 것이다.

무칼로리 인공 감미료

지난 수십 년간 유럽과 미국에서는 점점 더 많은 소비자들이 아스파탐이나 사카린을 비롯한 인공 감미료를 사용하게 되었다. 이 같은 설탕 대체품들은 대부분 화학적 원료와 공정을 바탕으로 생산되며, 소르비톨이나 자일리톨처럼 자연에서 구할 수 있지만 인공 원료를 사용해 상업적으로 생산되는 경우도 있다. 커피나 콜라의 경우와 마찬가지로, 소비자들은 차에 설탕 대신 넣을 첨가물로 이런 감미료들을 선택하기도 한다. 하지만 인공 감미료는 차의 향미를 변질시키기 때문에 피하는 것이 좋다. 당뇨병 환자나 그 밖의 건강 문제로 칼로리 섭취를 줄여야 하는 사람들에게는 사실 스테비아 외에 다른 선택지가 없을 듯하다.

차와 음식의 조합

아시아의 여러 지역에서는 여전히 날마다 식사에 곁들여, 혹은 단독으로 즐기기 위해 차를 끓이곤 한다. 영국을 비롯한 유럽 대부분의 지역에서는 여전히 전통적인 애프터눈 티와 하이 티를 비롯해 간식과 디저트에 곁들이는 음료로 차를(주로 홍차) 마신다. 차는 고기에서 샐러드, 비스킷과 치즈에 이르는 다양한 음식과 고루 조화를 이룬다.

특정한 차를 특정한 음식과 조합한다는 개념은 비교적 최근에 생겨난 것이다. 얼마나 새롭냐 하면, 차 전문가들의 조언도 확고한 지침이라기보다는 어디까지나 경험 법칙에 가까울 정도다.

음식과의 조합은 차와 관련하여 즐길 수 있는 최고의 유희 중 하나다. 손님들에게 질 좋은 차를 제대로 우려서 대접하는 것은 물론 즐겁지만, 그런 차를 더욱 완벽하게 만들어줄 음식을 곁들이는 것 또한 즐거운 일이다.

차와 음식의 조합에서 목표로 해야 할 것은 호환성이다. 비슷한 특성을 지닌 차와 음식을 파악하는 것이 중요하다. 예를 들어 대담함과 강렬함을 주제로 하여 톡 쏘는 맛의 치즈와 진한 홍차 혹은 녹차를 조합할 수 있다. 거꾸로 완전히 반대되는 특성을 지닌 차와 음식을 조합할 수도 있는데, 미묘한 맛의 과일 접시에 맑지만 구수한 우롱차를 곁들여 차례로 먹고 마시면서 맛과 향의 균형을 이루는 것이다.

차와 음식의 조합에서는 식감이 무척 중요하다. 식감이란 어떤 액체나 고체가 혀와 입천장에 주는 느낌을 말한다. 음식과 음료가 조합될 때 나타나는 균형이나 대조는 감각적 인상 전반에 영향을 끼친다.

우유나 크림, 고기가 들어가 지방이 풍부한 음식에 차를 곁들이면 음식을 한 입 삼킬 때마다 그 맛과 향을 부드럽게 누그러뜨리거나 씻어내는 구실을 할 수 있다. 약산화 우롱차나 중국산 용정차는 고소한 치즈, 혹은 버터에 구운 관자의 맛을 두드러지게 한다. 두 가지 차 모두 기름 기를 씻어내어 한 입 한 입의 향미를 새롭게 해줄 것이다. 특히 셔벗, 아이스크림, 아이스크림 케이크나 달콤한 비스킷 같은 디저트는 딱 어울리는 차를 곁들이면 맛이 좋아진다. 진한 홍차가 단맛을 적절히 눌러줄 수 있다.

이제 일부 요리사들은 차를 직접 음식 재료로 사용하기도 하는데, 이런 경우 대체로 요리에 쓴 것과 같은 차를 곁들이는 것이 바람직하다. 중국산 홍차인 랍상소우총은 훈연향이 잘 어울리는 연어나 쇠고기 요리에 종종 쓰인다. 얼그레이는 디저트 종류에 잘 어울린다. 일본의 전통차인 겐마이차(볶은 현미를 섞은 녹차)는 쌀밥과 채소, 두부, 해초로 구성된 단순한 요리와 유난히 궁합이 좋다. 가향차를 음식에 곁들일 경우, 가향이 음식의 향과 맛을 압도하지 않도록 더욱 신중하게 접근할 필요가 있다.

차와 음식의 조합을 위한 조언

• 백차는 향미가 지극히 미묘하지만, 진하게 우려내면 브리 치즈나 고급 페이스트리, 담백한 소스를 발라 구운 요리의 맛을 돋보이게 할 수 있다.

입가심용 다과

아시아를 비롯해 차를 즐겨 마시는 지역에서는 질 좋은 차를 음미할 때 흔히 소금을 치지 않은 생 아몬드나 캐슈너트 한 접시를 곁들이곤 한다. 이런 견과류는 미각을 정리해주며, 뱃속이 비었거나 위장이 민감한 사람에게 필수적인 약간의 요깃거리가 된다.

- 홍차, 특히 실론과 인도산 홍차는 고기, 빵, 초콜릿과 디저트 등 다양한 음식에 고루 어울린다.

- 일본산 녹차와 일부 중국차는 해산물, 감귤류, 디저트와 빵과자 등 비교적 가벼운 음식에 가장 잘 어울린다.

- 대만산 우롱차는 거의 모든 음식에 어울리는 편이다.

6장

차 끓이기

개론

차에 관한 입문 단계를 거쳤으니 이제 간단한 차 끓이기를 배워볼 시간이다. 차를 가장 많이 생산하고 소비하는 나라들에서 차를 만들고 즐기는 기본적인 방법을 단계별로 익혀보자.

   각각의 원산지마다 뚜렷이 다른 차가 생산되며 그 맛과 색, 향도 수없이 다양하다. 또한 각 지역별로 고유의 차 끓이는 방법을 발전시켜왔다. 이 장에서는 중국과 일본에서 여전히 널리 행해지는 전통 다도를 최대한 자세히 설명하겠다. 이 방식이 다른 나라들의 차 끓이는 방식과 차 종류를 가장 폭넓게 아우르기 때문이다. 아울러 차가 사랑받는 곳들인 인도, 영국, 북미에서 가장 일반적인 차 끓이기 방법도 살펴보겠다.

   이제 당신이 마시고 싶은 차를 끓이기 위해 몇 가지 기본 원칙들, 필요한 다구들에 대해 알아볼 차례다. 찻잎을 얼마나 넣고, 얼마 동안 우리고, 무엇을 함께 차리는지도 다룰 것이다. 새로운 차를 맛볼 때 스스로 그 차를 어떻게 마시는 것을 선호하는지 깨닫고 익히는 즐거움이야말로 차를 마시는 경험의 최종 단계라고 하겠다. 진하게 혹은 연하게 우리기, 감미료를 넣거나 넣지 않기, 펄펄 끓여서 내거나 식히기 등등 끝도 없이 다양한 방식이 있다.

   이 장에서 소개하는 다양한 차 준비 방법은 당신의 차 세계 탐험에 출발점이 될 것이다. 이제 각자의 선호에 따라 앞으로 나아가기만 하면 된다.

중국의 차

중국차를 준비하는 방법은 무척 다양하다. 당연한 일이다. 중국은 차의 고향이며 국가 전역에 문자 그대로 수백 가지의 차 종류와 재배종이 존재하기 때문이다. 중국에서는 수천 년 전부터 차를 마시기 시작했으며 기록상으로 최초의 공식 다도 행사는 619~907년경 당 왕조시대에 열렸다고 확인된다. 당시의 다도는 지극히 복잡했다. 수십 가지의 특별한 추출 및 상차림 도구가 준비되었고 까다로운 의식이 거행되었다. 하지만 차 마시기가 사회 모든 계급에 걸쳐 비격식적이고 일상적인 관습이 된 것은 그로부터 400년 뒤이다.

공부차

그 후 좀 더 근대적인 기술을 이용해 중국차를 끓이는 방식이 인기를 끌기 시작했고 이를 '공부차'라고 한다. 이 방식은 명 왕조시대에 시작되어 몇 세기에 걸쳐 조금씩 수정되어왔다. 공부차功夫茶란 '공을 들여 차를 끓인다'는 의미이다. 다른 다도에 비해 상대적으로 간단해 보일 수 있지만, 이 방식에 따르는 여러 뉘앙스와 변수를 제대로 익히려면 다년간의 꾸준한 수련이 필요하다. 하지만 초심자도 나름대로 공부차를 즐길 수 있다. 이 방식은 최근 북미와 영국, 유럽에도 알려지고 있으며 스페셜티 차 애호가들 사이에 널리 퍼지고 있다.

공부차에서 가장 중요한 것은 찻잎의 질이다. 향, 색, 맛 모두가 완벽한 조화를 이루어야 하며 심지어 찻잎의 형태에도 세세한 기준이 있다. 중국에서 생산되는 여러 종류의 고급 스페셜티 찻잎은 공부차 기법에 맞춰 특별히 가공된다. 그런 종류의 차로는 진한 홍차나 강산화 우롱차가 있다. 142쪽에 설명된 방법은 홍차, 백차, 녹차를 비롯해 거의 모든 차에 적용할 수 있다.

나무 차판에 차린 전통 공부차 다구.

    나무 차판 혹은 차선茶船은 공부차에 꼭 필요한 다구이다. 찻주전자인 자사호와 맛을 음미하는 찻잔인 품명배를 데우고 난 물이나 넘쳐흐른 물을 차판에 받는다. 이렇게 하면 다구에 물이 흥건해지지 않는다. 흘린 물은 손에 차수건을 들고 있다가 닦아낸다. 차판을 깔끔하게 유지하면 다도의 심신 안정 효과가 더욱 높아진다.

    다도의 중요한 부분은, 향을 음미하는 찻잔인 높다란 문향배 안에 응축된 차의 휘발성 향기를 충분한 시간 동안 들이마시는 것이다. 그러다 보면 차향이 서서히 증발할 것이다. 향을 충분히 즐겼으면 이제 찻물을 입에 머금고 천천히 음미할 차례다.

    제1포(처음 우려낸 찻물)를 다 마시고 나면, 찻잎에 물을 부어 우리는 과정 전체를 다시 시작할 수 있다. 찻잎이 다 우러나서 찻물이 제대로 나오지 않겠다고 느껴질 때까지 수차례 반복한다. 매 차례의 과정이 찻잎 고유의 향과 맛, 색, 식감을 서서히 끌어내는 감각적 여행이다.

개완

때로 전통적 자사호보다 크고 서양적 형태로 만들어진 토기나 도기 찻 주전자로 중국차를 우려내기도 한다. 중국에서는 일상적으로 차를 우리는 데 '개완'이라는 찻잔을 사용한다. 개완이란 '뚜껑 달린 그릇'을 의미한다. 토기 개완은 열전도율이 무척 뛰어나므로 수온이 높아야 하는 홍차를 우리기에 적합하다. 반면 고급 자기나 유리 개완은 수온이 높지 않아도 되며 향과 맛이 섬세하고 은은한 녹차, 백차, 우롱차를 우릴 때 사용된다.

개완은 두 가지 쓰임새를 지니는데, 차를 우리는 소형 다기인 동시에 개인 찻잔이다. 손잡이가 없는 작고 단순한 사발 모양으로 뚜껑과 받침 접시가 갖춰진다. 144쪽에 설명된 방법에선 중국산 녹차를 사용하지만, 앞서 언급했듯이 백차나 우롱차를 사용해도 무방하다.

개완으로 차를 마실 때는 앞서 우려낸 찻잎에 다시 뜨거운 물을 부어 재탕할 수 있다. 일반적으로, 우려낼 때마다 추출 시간을 조금씩 늘린다. 찻잎의 맛과 향이 점점 줄어 우리는 데 시간이 더 걸리기 때문이다. 일부 고급 중국차는 적어도 다섯 번, 때로는 열 번까지 우려도 상당히 괜찮은 맛과 향을 낸다. 차 종류에 알맞은 추출 시간을 알아내려면 매번 찻잎을 새로 바꿔가며 시험해봐야 한다. 심지어 같은 종류의 차라도 수확한 계절이나 연도가 다르면 적절한 추출 시간도 달라질 수 있다.

각각의 차마다 무광 토기 자사호나 개완 중 하나를 전용으로 두고 사용하는 것이 바람직하다. 이렇게 하면 차향이 섞이는 것을 막고, 시간이 지날수록 다기에 고유의 찻물이 든다.

차분한 분위기로 차를 마실 수 있도록 차판 위를 단정하고 깔끔하게 유지하는 것 또한 다도의 일부다. 예법에 따라, 차를 우리는 동안 넘치거나 흘린 물을 차수건으로 훔쳐내어 차판과 그 주변을 물기 없

중국 개완. 외부는 토기로, 내부는 도기로 되어 있다.

이 유지해야 한다.

차를 다 마시고 나면 개완이나 자사호 안의 찻잎을 집게로 깔끔히 비우고 물로 헹궈 말린 다음 보관한다. 개완이나 자사호는 항상 따뜻한 물로 헹궈 자연 건조시키며 절대로 비누나 세제를 사용하지 않도록 한다.

공부차 끓이기

공부차 방식은 강산화 우롱차에 특히 잘 어울린다. 아래의 경우 강한 중국산 우롱차를 사용했다.

필요한 것
주전자, 자사호, 공도배찻물을 같은 농도로 균등하게 나누기 위한 다구., 차판, 숟가락, 차수건, 문향배, 품명배, 물, 우롱차 잎

방법
1 자사호를 나무 차판에 올린다. 자사호와 찻잔의 안쪽과 위에 끓인 물을 부어 데운다. 자사호와 찻잔에 든 물을 비운다.
2 우롱차 잎을 숟가락으로 계량하여 자사호에 넣는다. 자사호 용량의 ⅓ 정도가 알맞다(7~10그램). 자사호에는 보통 120밀리리터의 물이 들어간다.
3 자사호에 85~88도의 물을 채운다. 5~15초 우린 다음 따라낸다. 이를 세차洗茶라고 하는데 찻잎을 우리기 전에 헹구는 예비 과정이다.
4 자사호 표면을 차수건으로 닦는다.
5 자사호에 다시 물을 채우되(3단계와 동일한 수온) 흘러넘치도록 콸콸 붓는다. 찻잎에서 빠져나온 거품이나 찌꺼기가 물과 함께 흘러넘쳐 차판에 스며들게 하는 것이다.
6 제1포는 약 30초 동안 우린다.
7 찻물을 공도배에 따른다.
8 찻물의 일부를 높다란 문향배에 따른다.
9 문향배에 담긴 차를 품명배로 옮긴다. 빈 문향배에 남은 향을 즐긴 다음 품명배의 차를 맛본다.

공부차 방식

1단계

2단계

7단계

8단계

개완으로 차 우리기

필요한 것

주전자, 뚜껑 달린 개완, 차수건, 숟가락, 찻잔, 물, 중국 녹차

방법

1 개완 바로 옆에 차를 따를 수 있도록 작은 찻잔들을 미리 갖다놓는다. 개완의 용량은 150~210밀리리터다.

2 찻잎을 넣고 우릴 개완 안에 뜨거운 물을 붓는다. 수온은 71~85도여야 한다. 물이 뜨거울수록 차가 진하게 우러난다.

3 몇 초 후에 개완을 비운다. 차를 우리기에 앞서 개완을 데우는 과정이다.

4 개완에 필요한 만큼 찻잎을 담는다. 일반적으로 개완 용량의 ¼~½, 즉 대략 4~8그램을 사용한다.

5 찻잎 위로 뜨거운 물(2단계와 동일한 수온)을 부어 개완을 채우고 뚜껑을 닫는다. 차를 우리는 동안 반드시 개완 뚜껑을 닫아두어야 한다. 추출 시간은 차의 종류에 따라 30초에서 몇 분까지 다양하다.

6 찻잔에 차를 따른다. 개완 뚜껑을 비스듬히 기울여 찻잎이 흘러나오는 걸 막거나, 찻잔 위에 소형 거름망을 올려두고 찻잎을 거른다. 이런 식으로 모든 찻잔을 채운다.

7 차를 천천히 마시며 향을 즐긴다.

개완 방식

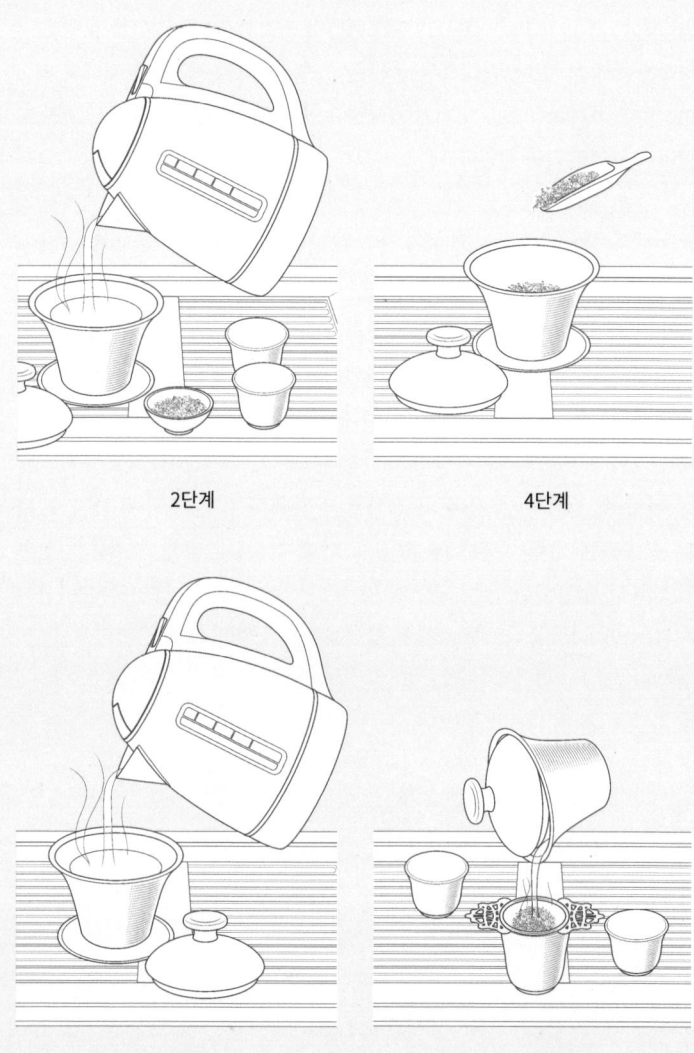

2단계

4단계

5단계

6단계

영국의 차

영국에 차가 널리 퍼진 것은 17세기 런던의 커피하우스들이 차를 끓여 팔기 시작하면서부터였다. 커피하우스에서는 찻잎도 팔았는데, 얼마 지나지 않아 여성들도 가정에서 차를 마시기 시작했다. 수백 년 뒤 차는 영국에서 가장 사랑받는 음료로 자리 잡았다.

　영국에서 가장 흔한 차 음용법은 티백을 쓰는 것이다. 하지만 스페셜티 차가 인기를 얻으면서 찻잎을 쓰는 방식도 서서히 돌아오고 있다. 영국인들은 전통적으로 아삼이나 실론, 다르질링 같은 홍차를 즐겨 마셨다. 148쪽에 설명된 방법을 '잉글랜드식'이라고 칭하긴 했지만 사실 잉글랜드뿐 아니라 영국의 모든 지역에서 이런 방식으로 차를 마신다. 아마도 잉글랜드식과 다른 방법의 가장 큰 차이는 차에 차가운 우유를 넣는 관습일 것이다. 찻잔에 차를 따르기 전에 우유를 부어야 하는가, 아니면 찻잔에 차를 따른 다음 우유를 더해야 하는가라는 주제는 잉글랜드식에서 끊임없는 논쟁거리다. 양쪽 다 시도해보고 어느 쪽이 마음에 드는지 알아보자. (좀 더 자세히 알아보려면 129쪽 참조.)

도자기 티 포트

티 포트

전통적인 영국식 티 포트는 무공질無孔質 자기로 만들어진다. 자기 티 포트는 아시아에서 전통적으로 많이 쓰이는 토기 찻주전자와 달리 찻물의 향이나 맛이 배지 않는다. 또한 토기보다 열을 느리고 훨씬 고르게 전도하므로 섬세한 녹차를 우리기에 적합하지만, 자기 티 포트를 주로 사용한 것은 서양의 홍차 애호가들이다.

은이나 스테인리스 스틸 티 포트는 지금까지도 영국과 유럽 전역에서 차를 우리고 따르는 데 널리 쓰인다. 하지만 다른 모든 재질이 그렇듯 이들도 장단점이 있다. 은제 티 포트는 좀처럼 흠집이 나거나 깨지지 않지만, 은이나 스테인리스 스틸 티 포트는 열전도율이 지나치게 좋아서 고열에 약한 녹차나 약산화 우롱차에는 부적합하다. 이런 티 포트는 강한 열을 가할수록 좋은 홍차에 사용하기 좋다.

유리 티 포트는 여러 번 차를 우려도 향이나 맛이 배지 않는 특성 때문에 점점 더 인기를 얻고 있다. 하지만 유리는 매우 약한 재료이며 쉽게 깨질 수 있으니 주의해야 한다. 투명한 유리를 통해 차를 우리는 동안 찻잎이 펼쳐지며 색이 우러나는 과정을 지켜볼 수 있다는 장점도 있다.

스테인리스 스틸 티 포트   유리 티 포트

잉글랜드식 차 끓이기

잉글랜드식 차는 보통 아삼, 케냐, 스리랑카에서 생산된 홍차를 사용하며 차가운 우유를 넣어 마신다.

필요한 것

주전자, 티 포트, 찻잔, 티스푼, 계량 도구, 타이머, 티 스트레이너 혹은 인퓨저, 물, 홍차 잎, 우유, 설탕(선택 사항)

방법

1 티 포트 안에 끓인 물을 부어 예열한다. 1분간 그대로 두었다가 티 포트를 비운다. 이 단계를 건너뛰면, 찻잎에 부은 뜨거운 물이 차가운 자기에 닿아 수온이 내려가고 제대로 차가 우려지지 않는다.

2 찻잎을 계량한다. 대략 물 240밀리리터에 찻잎 2그램(혹은 물 1컵에 찻잎 1작은술)이 적당하다. 티 포트 안에 찻잎을 넣는다(혹은 찻잎을 담은 인퓨저를 티 포트 안에 넣는다).

3 찻잎에 뜨거운 물을 붓고 티 포트에 뚜껑을 덮는다.

4 차를 얼마나 우려낼지에 따라 타이머를 맞춘다. 처음에는 4분으로 해보자. 이 방식으로 우릴 경우 홍차의 평균적인 추출 시간이다.

5 티스푼으로 찻잎을 몇 번 살살 저어준다. 다시 티 포트에 뚜껑을 덮고 차를 우린다.

6 찻물을 각각의 찻잔에 따른다. 인퓨저를 쓰지 않았을 경우 찻잔 위에 소형 스트레이너를 받치고 따른다.

7 기호에 따라 차를 따르기 전이나 따르고 난 후에 우유를 넣는다. 차에 설탕을 넣는 사람은 이때 넣도록 한다.

잉글랜드식 차 끓이기

1단계

2단계

4단계

6단계

영국식 티타임

차는 영국에서 가장 사랑받는 음료다. 다음은 영국 역사상의 티타임 관습들로, 그중 일부는 오늘날에도 여전히 어떤 형태로든 지속되고 있다.

브렉퍼스트 아침식사에는 거의 항상 차를 곁들인다. 커피를 마실 수도 있지만, 많은 사람들이 여전히 아침에 우유 넣은 차를 마시는 쪽을 선호한다.

일레븐지스 오전 중반에 갖는 티타임으로 비스킷이나 케이크를 곁들이기도 한다. 진한 브렉퍼스트 티를 마신다(커피를 마실 수도 있다).

애프터눈 티 전통적으로 오후 네 시쯤에 든다. 차 한 잔만 마실 수도 있고, 다양한 샌드위치와 비스킷과 케이크를 곁들일 수도 있다.

크림 티 대체로 오후에 든다. 잉글랜드 남서부의 데본 지역에서 유래되었으며 현재는 잉글랜드의 많은 지방(특히 콘월)에서 흔해졌다. 차와 스콘과 클로티드 크림, 딸기잼을 비롯한 다양한 잼으로 구성된다.

하이 티 애프터눈 티보다 늦게 저녁 여섯 시쯤에 든다. 푸짐한 식사에 가까워서 차뿐만 아니라 치즈, 냉육, 미트파이 혹은 소시지, 갓 구운 빵에 디저트까지 곁들이기도 한다. 스코틀랜드나 잉글랜드 북부 일부 지역에는 아직도 이 관습이 남아 있다.

셀러브레이션 티 전 세계의 여러 호텔이나 고급 찻집에서는 특별한 티타임을 가질 수 있는데, 보통 오후에 준비된다. 특별한 차 종류를 선택할 수 있을 뿐만 아니라 근사한 디저트나 샴페인이 포함되기도 한다.

인도의 차

인도에서는 19세기부터 차가 상업적으로 대량생산되기 시작했다. 이 나라는 지금까지도 세계 최대의 차 생산국에 속한다. 차는 인도에서 대단히 인기 있는 음료로, 연간 차 생산량의 70퍼센트가 국내에서 소비된다. 인도에서 생산하는 차는 주로 홍차이다. 다양한 종류가 있지만 그중에도 브렉퍼스트 티의 기반이 되는 아삼, 매우 미묘한 맛을 띠며 차의 샴페인이라 불리는 다르질링, 인도 남부의 고산지대에서 생산되는 은은한 맛의 닐기리가 대표적이다.

인도산 홍차는 우유와 감미료를 넣거나 혹은 넣지 않고도 즐길 수 있다. 한 가지 예외가 있다면 다르질링인데, 지극히 섬세하고 복잡한 이 차는 보통 첨가물 없이 그대로 마신다. 반면 아삼은 맛이 아주 강렬하고 진하기 때문에 우유나 설탕을 넣어 수렴성을 약간 떨어뜨려서 마시기도 한다. 닐기리는 두 가지 홍차의 딱 중간으로 첨가물을 넣든 안 넣든 무방하다.

인도 사람들은 사회 계급과 상관없이 차를 즐겨 마신다. 여전히 날마다 도자기 티 포트를 사용하여 영국식 전통에 따라 차를 우리는 사람들도 있지만, 많은 인도인들은 '차이'를 선호한다. 홍차에 생강, 흑후추, 카다멈 등 향신료를 섞고 때로는 설탕과 우유를 더한 달콤한 맛의 음료다. '차이 왈라'라고 불리는 차 행상인들은 길가나 기차 안, 점포에서 막 끓여낸 차이를 판매한다.

150년 이상의 역사를 지닌 인도의 차 문화는 빠르게 변화하고 있다. 최근까지도 인도에서는 녹차를 마실 수 없었다. 하지만 이제 인도에서도 소량의 녹차가 생산되어 고급 호텔 라운지나 개성 있는 카페에서 새로운 유행 음료로 떠오르고 있다. 대도시에는 현대식 티 바tea bar를 갖춘 프랜차이즈 차 상점이 생겨나 전 세계에서 수입된 차를 판매하고 있다.

인도식 스파이스 차이 끓이기

이 레시피를 따르면 차이 4인분을 만들 수 있다. 티백이나 찻잎 어느 쪽을 쓰든 무방하며 차 종류는 아삼을 사용했다.

필요한 것
자루 달린 냄비(스테인리스 스틸이나 유리. 알루미늄은 부적합), 티 스트레이너, 머그잔 4개, 우유 거품기(선택 사항)

재료
우유 3컵(710ml), 물 1컵(240ml), 막대 계피 작은 것 2개, 정향 통째로 2~3개, 카다멈 깍지 1작은술, 생강가루 ½ 작은술(혹은 얇게 저민 생강 2조각), 홍차 ¼ 컵(혹은 홍차 티백 3개), 설탕 ¼ 컵(꿀로 대체 가능), 바닐라 1작은술(혹은 바닐라빈 꼬투리 1개), 위에 뿌릴 육두구 가루

방법
1 냄비에 우유와 물을 넣고 중강불로 가열한다. 끓기 시작하면 불을 낮춘다.
2 다른 재료들을 몽땅 냄비에 넣고 약불로 4~6분 더 끓인다(불 위에 오래 둘수록 찻잎과 향신료가 진하게 우러나온다).
3 냄비를 불에서 내린다.
4 머그잔들에 차례로 티 스트레이너를 올리고 차이를 따라 향신료와 찻잎을 걸러낸다.
5 소형 우유 거품기로 차이 위쪽에 거품을 낸다. 거품기를 음료 속에 집어넣기보다 머그잔 위쪽에 두고 작동시킨다.
6 육두구 가루를 살짝 뿌려서 낸다.

인도식 스파이스 차이 끓이기

1단계

2단계

4단계

5단계

일본의 차

일본에서는 8세기부터 차를 마시기 시작했지만, 차 재배가 본격적으로 시작된 것은 12세기 에이사이라는 승려가 중국에서 차나무 씨앗을 가지고 돌아와 우지 지역에 심으면서였다. 에이사이는 일본 차 산업의 선구자로 여겨지며, 전설에 따르면 찻잎을 고운 가루로 갈아 마차를 만드는 관습도 그가 중국에서 들여온 것이다.

일본에서 차 마시기는 일상생활과 미학의 독특한 혼합물이며, 철학과 종교가 만난 정신적 영역이다. '차를 끓일 뜨거운 물'이라는 뜻의 '차노유'로 불리는 일본식 다도는 이런 특성을 잘 구현한다. 일본식 다도는 본질적으로 '차의 길茶道'을 가르치는 컬트적인 관습이다. 차노유는 단순한 일상의 활동, 특히 차를 음미하는 것에서 아름다움을 발견하는 데 집중한다.

마차抹茶, 말차

유명한 일본산 가루 녹차인 마차는 수 세기 동안 차노유의 중심이 되어 왔으며 현대에 들어서는 차 애호가들 사이에서 국제적인 인기를 끌고 있다. 마차는 영양이 풍부한 일본산 찻잎을 몇 주간 차양으로 가렸다가 따서 만드는데, 차양은 엽록소를 비롯한 특정 성분을 최대한 농축시키는 동시에 쓴맛을 줄여준다. 수확한 찻잎을 조심스럽게 건조한 뒤 고운 가루로 만든다.

마차는 다양한 등급별로 판매된다. 다도용이 가장 고급이고 값비싸다. 어떤 등급이든 마차는 거의 형광색에 가까울 만큼 밝은 녹색이어야 하는데 '옥색'으로 표현되기도 한다. 마차를 버터 쿠키나 무염 아몬드,

캐슈너트 같은 간단한 음식과 함께 차려보자. 배를 채우면서도 미각을 정리해주는 인상적인 차 마시기 경험이 될 것이다.

데쓰빙鐵瓶, 철병

일본 고유의 무쇠 주전자는 녹차에 가장 잘 어울리지만 홍차를 진하게 우려내기에도 좋다. 열기가 잘 보존되기 때문이다. 현대식 데쓰빙은 무쇠로 만들지만 안쪽에 법랑 가공을 한다. 무쇠 제품은 열전도율이 대단히 좋고 찻주전자 덮개 없이도 오랫동안 따뜻한 상태를 유지한다. 하지만 이처럼 찻주전자와 그 안의 차가 뜨겁게 유지된다는 특성에는 장단점이 있다. 녹차나 가향차처럼 섬세한 차는 너무 오래 뜨거운 상태로 있

바구니형의 금속 인퓨저가 들어 있는 현대식 무쇠 주전자.
안쪽은 법랑으로 가공되어 있다.

으면 과다 추출되어 쓴맛이 난다. 이런 역효과를 막으려면 주전자 안쪽에 바구니 형태의 티 스트레이너를 끼웠다가 차가 충분히 우러나면 바로 꺼내자. 혹은 우러난 찻물을 별도의 주전자에 따라놓아도 좋다.

기타 일본차

19세기 일본의 농부들은 차 생산에서 기록적인 발전을 이루었다. 수확 후처리 과정을 개량해서 찻잎을 증기로 찌고 유념하여 일본 최초의 녹차인 센차煎茶를 만든 것이다. 센차는 빠르게 성공을 거두었으며 지금도 일본인들이 가장 즐겨 마시는 차로 남아 있다. 노동 집약적이던 찻잎 수확도 19세기 말에 기계화되어 차의 생산이 한층 빨라졌고, 생산량이 비약적으로 증가하면서 수출도 증대되었다.

일본 내에서 차 마시기와 차나무 경작은 서서히 퍼져나갔다. 원래는 최상층 계급만이 비교적 사치스러운 이 취미를 즐겼다. 오늘날 차는 일본의 모든 사회 계층에 필수 요소이며 어느 곳에서나 마실 수 있다. 그 중 가장 흔한 종류는 호지차 혹은 반차番茶이며 가정에서는 센차도 애용된다. 품격 있는 자리에는 고급 교쿠로玉露 녹차를 내며, 선불교에 역사적 뿌리를 두고 있는 마차도 쓰인다. 일본 사회와 문화에서 차는 너무나 중요하기에, '오차お茶'로 불리는 일본차는 항상 녹차로 간주된다. 홍차는 일본에서 생산되지 않으며 우롱차와 가향차까지 통틀어 '고차紅茶'라고 불린다. 많은 일본인들은 특정 종류의 홍차(예를 들어 인도산 다르질링)와 대만산 차(고급 우롱차)를 선호한다.

일본식 다도

일본식 다도의 추출 시간은 말 그대로 중도中道를 따른다. 일본차는 보통

2분에서 2분 30초 정도 우려내는 반면 전통적인 중국차는 45초에서 1분 30초, 서양식 차는 3~5분까지도 우려낸다.

반차, 호지차, 겐마이차처럼 일상적인 일본차는 딱 한 번 우리는 것이 보통이다. 일본산 센차나 교쿠로 같은 고급 차는 종종 세 번까지도 우려낸다.

규스

현대 일본에서는 흔히 규스라는 실용적인 찻주전자로 고급 녹차를 우린다. 규스는 자기나 유리로 만들며 안쪽에 딱 맞는 필터가 들어 있고 한쪽 옆에 긴 손잡이가 달려 있다. 이 손잡이 덕에 차를 따르기가 아주 편리하다. 규스의 용량은 약 360밀리리터로 작은 편이다.

차를 마실 때는 손잡이가 없는 작은 흰색 도자기 잔을 사용하는 편이 좋지만, 작은 잔이라면 어떤 종류든 상관없다.

규스 다기. 찻주전자와 도자기 잔, 숙우로 구성된다.

마차 끓이기

마차는 특별한 사발에 넣어 세심하게 계량한다. 그런 다음 뜨거운 물을 부어서 휘저어 섞고 거품을 낸 뒤 작은 잔들에 나눠 담는다. 북미에서는 마차에 뜨거운 우유와 감미료를 더해 마차 라테를 만들기도 한다.

필요한 것
차완(이 차사발 안쪽에는 광택제를 바르지 않는다. 마차가 더 잘 용해되게 하기 위해서다), 고운 거름망, 대나무 젓개(차선), 대나무 숟가락(국자라고 부르기도 한다), 작은 찻잔(도자기 재질이 좋다), 마차 가루

방법
1 마차를 1인당 1½~2작은술(1.5~2그램) 계량한다. 대나무 숟가락을 사용해도 좋다.
2 마차를 거름망에 살살 통과시켜 차완에 담는다. 이렇게 하면 가루가 덩어리지지 않는다.
3 물 120밀리리터를 끓였다가 몇 분 식혀 74~79도로 맞춘 다음 마차가 담긴 차완에 붓는다.
4 바로 휘젓기 시작한다. 차선을 힘차게 차완 앞뒤로 움직인다(원을 그리지 않는다).
5 거품이 제대로 일어나기 시작하면 차 위쪽을 세게 휘저어서 더욱 색이 곱고 밀도 높은 거품을 일으킨다.
6 찻잔에 마차를 나눠 담아서 낸다.

마차 끓이기

1단계

2단계

4단계

6단계

일본차 끓이기

아래에 설명한 방법은 규스 찻주전자를 사용하며 센차, 겐마이차, 호지차, 교쿠
로 등 녹차에 적합하다. 일본차에는 설탕이나 우유 같은 첨가물을 넣지 않는다.

필요한 것

전기주전자, 규스 찻주전자, 인퓨저나 대나무 거름망, 티스푼, 찻잔, 물,
녹차 잎

방법

1 녹차 잎을 1인당 1작은술 볼록하게 가득(약 1.5그램) 계량하여 찻주
   전자에 넣는다. 한 주전자로 한 사람당 한 잔씩 차를 내도록 한다. 일
   반적인 규스의 용량은 360밀리리터이며, 찻잔 용량에 따라 다르지만
   1인당 150~240밀리리터의 차를 낸다. 차를 준비하기 전 찻잔에 물
   을 부어 용량을 확인해두자.

2 물을 끓인 다음 몇 분간 식힌다. 센차나 겐마이차, 호지차 등 일본차
   를 끓일 때는 수온을 79~82도에 맞춰야 한다. 교쿠로는 65~71도가
   적합하다.

3 찻잎이 담긴 주전자에 물을 채운다.

4 첫 번째로 우릴 때는 2분 30초가 적합하다. 두 번째, 세 번째 재탕할
   때는 3분 동안 우린다.

5 인퓨저가 내장된 규스를 사용할 경우 우려난 차를 바로 찻잔에 나눠
   따른다. 인퓨저가 없는 주전자라면 작은 대나무 거름망을 찻잔 위에
   얹고 따른다.

일본차 끓이기

1단계

3단계

4단계

5단계

북미의 차

최근 캐나다와 미국에서 차가 다시 유행하면서 고급 차에 대한 수요가 치솟고 있으며, 동시에 차 소비와 건강의 관계에 대한 과학적 연구도 늘고 있다. 북미 지역은 이제 스페셜티 차의 세계적 가능성을 타진해보는 거점으로 여겨지며 수백 가지 신생 차 브랜드와 프랜차이즈 차 소매점, 활발한 차 문화가 등장하고 있다. 차는 이제 세계적인 유행이다.

피라미드형 티백

전 세계에서 북미만큼 티백을 애용하는 지역도 없을 것이다. 1990년대에 피라미드형 티백이 등장하면서 소비자들은 참신한 형태와 부드러운 재질, 그리고 찻잎이 퍼지며 차가 우러나는 모습을 즐길 수 있다는 점에 반했다. 기존 티백보다 피라미드형 티백의 내부 공간에 여유가 있기 때문인데, 이는 차를 더 맛있게 우리기 위한 필수적인 요인이다. 북미와 아시아에서 큰 인기를 누리고 있는 피라미드형 티백으로 차를 우리는 방법은 164~165쪽에서 확인할 수 있다.

아이스티

영국과 미국에서 아이스티가 사랑받게 된 것은 19세기 중반으로 거슬러 올라간다. 당시에 아이스티는 '티 펀치'라고 불렸으며 보통 알코올이 들어갔다. 1904년 세인트루이스의 국제박람회장에서 리처드 블레친든이라는 상인이 무더운 날씨에 뜨거운 차를 팔기 위해 차에 얼음을 넣었다. 바로 이 아이디어가 아이스티의 상업화 시대를 열었다고 간주된다. 현재 미국에서 팔리는 차의 80퍼센트는 아이스티로 소비된다.

유리로 만든 프레스식 원형 티 포트 '아삼'.

프레스식 티 포트

북미 사람들은 간편한 것을 선호하며, 음식물 준비에 관해서라면 더더욱 시간을 절약하고 싶어 한다. 현대의 프레스식 티 포트는 프렌치 프레스 같은 커피 추출 기구의 모방이라 할 수 있으며 사실 같은 원리로 작동한다. 티 포트 안쪽의 바구니에 찻잎을 넣고, 추출을 중단하려면 내장된 플런저를 인퓨저 안으로 눌러 넣는다. 인퓨저의 작은 구멍들은 위쪽의 80퍼센트만 뚫려 있으므로, 플런저를 아래로 누르면 물과 찻잎이 완전히 분리된다. 두 번째로 우릴 때는 뜨거운 물을 더 붓고 내장된 플런저를 다시 올렸다가 내리기만 하면 된다. 하지만 아직까지는 북미에서도 전통적인 도자기 티 포트에 차를 우리는 방법이 더 일반적이다.

피라미드형 티백 우리기

피라미드형 티백은 완전히 인조 성분으로 만들거나 때로 옥수수로 합성한 물질을 사용하기도 한다(이 경우 생분해가 가능하다). 피라미드형 티백으로 차 한 잔을 끓이든 한 주전자를 끓이든 방법은 비슷하다. 일부 피라미드형 티백은 차를 두 잔째 우릴 수도 있는데, 차의 종류와 브랜드는 다양하므로 직접 실험해볼 필요가 있다.

필요한 것
전기주전자, 찻잔 혹은(그리고) 티 포트, 피라미드형 티백, 물, 우유나 크림(선택 사항), 설탕(선택 사항)

방법
1 티백의 포장을 벗긴다.
2 찻잔 하나에 티백 하나를 넣고 끓인 물을 붓는다.
3 티백 포장에 쓰인 지시대로 우려낸다. 일반적인 원칙에 따르면 녹차의 추출 시간은 2~3분, 홍차는 3~4분이다.
4 스푼으로 티백을 찻잔에서 꺼낸다. 티백을 살짝 눌러 짜서 찻잎에서 찻물과 향이 더 우러나도록 한다.
5 홍차 티백을 쓸 경우 우유나 크림, 설탕을 기호에 따라 넣는다. 녹차는 보통 첨가물 없이 마신다.
6 티 포트를 사용할 경우 뜨거운 물 180~240밀리리터마다 티백 하나를 넣는다. 티 포트 뚜껑을 들어올리고 티백을 위아래로 몇 번 움직이면 좋다. 찻잎이 휘저어져 더 진하게 우러난다.

피라미드형 티백 우리기

2단계

3단계

4단계

6단계

아이스티 만들기

본래 아이스티에는 홍차를 사용하지만 최근 들어 다양한 차 블렌드가 사용되고 있다. 민트 녹차, 얼그레이, 우롱차로도 맛있는 아이스티를 만들 수 있다. 레몬이나 오렌지를 짜 넣고 민트 줄기와 설탕이나 꿀을 첨가해도 좋다.

급냉법

필요한 것
큰 물병 2개(하나는 뚜껑 달린 것), 티 스트레이너, 유리잔, 차, 뜨거운 물, 설탕이나 꿀(선택 사항), 각얼음, 레몬이나 오렌지 슬라이스(선택 사항), 민트 줄기(선택 사항)

방법
1 뚜껑 달린 큰 물병에 찻잎을 넣는다. 물 240밀리리터당 찻잎 2작은술(약 3그램)을 사용한다.
2 찻잎에 뜨거운 물을 붓고 물병 뚜껑을 덮는다. 원하는 농도에 따라 6~12분 동안 우려낸다.
3 기호에 따라 차 2잔 분량(약 480밀리리터)당 설탕 1작은술(혹은 원하는 만큼의 꿀)을 휘저어 넣는다. 설탕이나 꿀은 차가운 음료에 잘 녹지 않으므로 차가 식기 전에 넣는다. 차를 실온 상태까지 식힌다.
4 차가 다 식고 설탕이 녹았으면(넣었을 경우) 차갑게 식힌 다른 물병에 찻물만 걸러서 붓는다. 몇 시간 냉장하고 각얼음을 넣거나, 아니면 각얼음을 넣어서 바로 내도 좋다.
5 유리잔에 아이스티를 따라 낸다. 기호에 따라 레몬이나 오렌지 슬라이스 혹은 민트 줄기를 넣는다.

아이스티: 급냉법

1단계

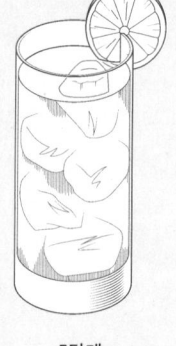

2단계

3단계

5단계

냉침법

필요한 것

큰 물병 2개(하나는 뚜껑 달린 것), 티 스트레이너, 유리잔, 차, 찬물, 각얼음, 설탕(선택 사항), 레몬이나 오렌지 슬라이스(선택 사항), 민트 줄기(선택 사항)

방법

1 찻잎을 뚜껑 달린 큰 물병에 넣는다. 물 240밀리리터당 찻잎 2작은술(약 3그램)을 사용한다.

2 찻잎이 담긴 물병에 찬물을 채운다. 필터로 정수한 물이나 냉장고에 보관된 물을 사용한다.

3 물병에 뚜껑을 덮어 냉장고에 보관한다. 향이 잘 우러나고 충분히 차가워지도록 밤새 냉장 상태로 둔다.

4 다 우러난 차를 냉장고에서 꺼낸다. 차갑게 식힌 다른 물병에 찻물만 걸러서 붓는다. 급냉법으로 만든 아이스티(166쪽 참조)보다 은은하고 부드러운 맛이 난다.

5 감미료를 넣고 싶다면 차를 내기 전에 2잔 분량(약 480밀리리터)당 설탕 1작은술을 잘 휘저어 넣는다. 이제 차를 낼 준비가 다 되었지만, 다시 냉장 상태로 보관해도 무방하다. 냉침으로 만든 아이스티는 보통 24시간가량 제 맛을 유지한다.

6 아이스티를 낼 때는 높은 유리잔에 각얼음을 넣고 그 위로 따른다. 기호에 따라 레몬이나 오렌지 슬라이스 혹은 민트 줄기로 장식한다.

맺음말

차는 수천 년 동안 인간을 위로하고 생기를 돋워주었다. 고대 중국에서 최초의 차를 끓였던 모닥불 위의 금속 항아리부터 현대의 첨단 기술로 만든 티 포트까지, 차는 언제나 다른 음료에는 좀처럼 없는 특성으로 인류의 갈증을 해소해주었다. 바로 영양이 풍부하면서도 기분을 달래주는, 마음을 가다듬어 회복할 수 있게 해주는 달콤한 휴식의 시간이다.

차의 역사에서 처음 천 년 동안, 차는 국가별로 아주 약간의 차이만 있을 뿐 거의 같은 방식으로 만들어졌다. 물을 끓이고, 어떤 종류의 용기에 찻잎을 약간 넣고, 몇 분간 우려낸 다음 마시는 것이다. 12세기 말에 이르러서야 창의적인 사업가들이 움트기 시작한 차 시장의 가능성을 보았고, 곧이어 새롭고 기발한 차 끓이는 도구들이 선보였다. 21세기인 현재는 전 세계의 차 애호가들이 더욱 놀라운 기능과 현대적인 디자인을 자랑하는 신상품 다구들의 홍수를 기꺼이 맞아들이고 있다.

조상들이 즐겨왔던 방식 그대로 차를 끓이는 데 만족하는 사람들도 있지만, 새로운 세대의 열정적인 차 애호가들은 고전적 기법을 더 깊이 파고드는 한편 새로운 기술과 도구를 고안하고 있다. 차 문화는 맛있고 많은 비용이 들지 않고 기분 좋으면서도 건강한 생활방식과 공존할 수 있는 음료를 향한 현대인들의 욕구를 충족시키기 위해 새롭게 변신하고 있다. 차의 기본을 배움으로써 정확히 원하는 방식대로의 차를 우리고 준비하고 음미할 수 있다. 진하게 혹은 연하게, 가향 혹은 스트레이트로, 설탕을 넣거나 혹은 넣지 않고, 뜨겁게 혹은 얼음을 넣어. 전 세계에 걸쳐 존재하는 찻집, 차 상점, 차 브랜드와 수천 개가 넘는 웹사이트가 차에 관련된 모든 것을 제공하지만, 직접 완벽한 차를 끓여 마시는 법을 아는 것이야말로 당신에게 큰 기쁨을 줄 것이다.

참고 문헌

Ahima, R. 'Connecting Obesity, Aging and Diabetes'. *Nature* 15 (2009): 996-7.

Barwick, Margaret. *Tropical and Subtropical Trees, An Encyclopedia*. Timber Press, 2004.

Brunning, Andy. Compound Interest. 'Polyphenols and antioxidants—the chemistry of tea'. www.compoundchem.com/2014/02/01/polyphenols-antioxidants-the-chemistry-of-tea

Cannas, Antonello. 'Tannins: Fascinating but Sometimes Dangerous Molecules'. Cornell University College of Agriculture and Life Sciences. www.ansci.cornell.edu/plants/toxicagents/tannin.html

Chin, Jenna, Michele Merves, Bruce Goldberger, Angela Sampson-Cone, and Edward Cone. 'Caffeine Content of Brewed Teas'. *Journal of Analytical Toxicology* 32 (2008); (8): 702-4.

Chow, Kit, and Ione Kramer. *All the Tea in China*. China Books, 1990.

Chung, K.T., Y.W. Huang, C.I. Wei, T.Y. Wong, and Y. Lin. 'Tannins and Human Health: A Review'. *Critical Review of Food Science Nutrition* 38 (1998) (6): 421-64.

Cook, Alexandra. 'Linnaeus and Chinese Plants: A Test of the Linguistic Imperialism Theses'. *Notes and Records of the Royal Society* 64 (2010).

Cummins, Joseph. *Ten Tea Parties: Patriotic Protest that History Forgot*. Quirk Books, 2012.

Deadman, Peter. 'In Praise of Tea'. *Journal of Chinese Medicine* 97 (2011): 14.

Delmas, Francois-Xavier. *The Tea Drinker's Handbook*. Abbeville Press, 2008.

Duke, James, A. '*Camellia sinensis (L.) Kuntze*'. *Handbook of Energy Crops*, unpublished, 1983. www.hort.purdue.edu/newcrop/duke_energy/camellia_sinensis.html

Emden, Lorenzo. 'Decaffeination 101: Four Ways to Decaffeinate Coffee'. *Coffee Confidential* (2014). www.coffeeconfidential.org/health/decaffeination

European Food Safety Authority. 'Scientific Opinion on the Substantiation of Health Claims Related to L-theanine from *Camellia sinensis (L.) Kuntze (tea)*'. *EFSA Journal* 9 (2011): (6): 2238.

Goldender, Leonid. *History of Tea: Botanics*. Bouquet, 2003.

Hamilton, Dr. Susan. 'November 2010 Plant of the Month—Tea Bush'. University of Tennessee Institute of Agriculture. http://utgardens.tennessee.edu/pom/teacamellia. html

Harler, Campbell R. 'Tea Production'. *Encyclopaedia Britannica* (2014). www.britannica. com/EBchecked/topic/585098/tea-production

Harney, Michael. *The Harney & Sons Guide to Tea*. Penguin Press, 2008.

Hicks, Monique B., Peggy Hsieh, and Leonard N. Bell. 'Tea Preparation and its Influence on Methylxanthine Concentration'. *Food Research International* 29 (1996) (3-4): 325-330.

ITIS Standard Report Page: *Camellia sinensis*. Integrated Taxonomic Information System. www.itis.gov

Lee, Chia-Pu, and Gow-Chin Yen. 'Antioxidant Activity and Bioactive Compounds of Tea Seed Oil'. *Journal of Agricultural and Food Chemistry* 54 (2006) (3): 779-784.

Lovell, Julia. *The Opium War*. Overlook Press, 2011.

Lowry, Nancy. 'Tea and Theophylline'. Amherst, MA: Hampshire College. http://helios. hampshire.edu/~nlNS/mompdfs/TeaTheoph.pdf

Lu Yu, *The Classic of Tea*. Francis Ross Carpenter (translator). Ecco Press, 1995.

Meyer, Johann, Ludwig Roselius, and Karl Wimmer. 'Preparation of coffee'. (1908) U.S. patent 897840.

Mills, Ben, and Jenny Slaughter. 'Tea(*Camellia sinensis*)'. School of Chemistry, University of Bristol. July 30, 2014. https://chempics.wordpress.com/2014/07/30/tea-camellia-sinensis

Mondal, Tapan. 'Tea'. *Biotechnology in Agriculture and Forestry*. Berlin: Springer; (2007): 519-520.

Moxham, Roy. *Tea: A History of Addiction, Exploitation, and Empire*. Carroll & Graf Publishers, 2003.

Neves, Marcos, Vinicius Trombin, Frederico Lopes, Rafael Kalaki, and Patricia Milan. 'World Consumption of Beverages'. Wageningen Academic Publishers (2012): 118.

Richardson, Lisa Boalt. *Modern Tea: A Fresh Look at an Ancient Beverage*. Chronicle Books, 2014.

Riley, Thomas. The University of Western Australia/Marshall Centre. 'Tea Tree Oil'. www.marshallcentre.uwa.edu.au/research/tea-tree-oil

Schwalfenberg, Gerry, Stephen J. Genuis, and Ilia Rodushkin. 'The Benefits and Risks of Consuming Brewed Tea: Beware of Toxic Element Contamination'. *Journal of Toxicology* (2013); 370460.

Smith, William. *Dictionary of Greek and Roman Biography and Mythology*. Little, Brown and Co, 1867.

UK Tea & Infusions Association. 'Tea growing and production'. www.tea.co.uk/tea-growing-and-production

USDA Database. 'Oxygen Radical Absorbance Capacity(ORAC) of Selected Foods, Release 2 (2010)'. www.ars.usda.gov/News/docs.htm?docid=15866

van Wyk, B. *Food Plants of the World*. Timber Press, 2005.

Walcott, Susan M. 'Brewing a New American Tea Industry'. *Geographical Review* 102 (2012): 3, 350-63.

참고 웹사이트

Rate Tea
www.ratetea.com

Specialty Tea Institute
www.stitea.org

Tea Association of Canada
www.tea.ca

Tea Association of the USA
www.teausa.com

Tea Biz Blog
www.teabizblog.wordpress.com

Tea Chat
www.teachat.com

The Daily Tea
www.thedailytea.com

UK Tea & Infusions Association
www.tea.co.uk

World Tea Academy
www.worldteaacademy.com

World Tea Expo
www.worldteaexpo.com

World Tea News
www.worldteanews.com

도판 저작권

찾아보기

옮긴이 신소희

서울대학교 국어국문과를 졸업하고 출판 편집자 및 번역가로 일해 왔다. 옮긴 책으로《피너츠 완전판》《첫사랑은 블루》《아웃사이더》《분리된 평화》《위험한 독서의 해》《여행에 나이가 어딨어?》등이 있다.

완벽한 차 한 잔

첫판 1쇄 펴낸날 2017년 10월 27일
　　5쇄 펴낸날 2022년 　5월 25일

지은이　　　브라이언 R. 키팅, 킴 롱
옮긴이　　　신소희
발행인　　　김혜경
편집인　　　김수진
책임편집　　김교석
편집기획　　조한나 김단희 유승연 임지원 곽세라 전하연
디자인　　　한승연 성윤정
경영지원국　안정숙
마케팅　　　문창운 백윤진 박희원
회계　　　　임옥희 양여진 김주연

펴낸곳　　　(주)도서출판 푸른숲
출판등록　　2003년 12월 17일 제2003-000032호
주소　　　　경기도 파주시 심학산로 10 3층, 우편번호 10881
전화　　　　031)955-9005(마케팅부), 031)955-9010(편집부)
팩스　　　　031)955-9015(마케팅부), 031)955-9017(편집부)
홈페이지　　www. prunsoop. co. kr
페이스북　　www.facebook.com/prunsoop　　인스타그램 @prunsoop

ⓒ 푸른숲, 2017
ISBN 979-11-5675-710-8 *14590
ISBN 979-11-5675-707-8 *14590(세트)